29,80

Ingeborg Dummer
Die Arbeitskraft – eine Ware?

Ingeborg Dummer ist pensionierte Sozialwissenschaftlerin und lebt in Berlin.

Ingeborg Dummer

Die Arbeitskraft – eine Ware?

Eine werttheoretische Betrachtung

VSA-Verlag Hamburg

Gedruckt auf Recyclingpapier mit 100% Altpapieranteil

Druck- und Buchbindearbeiten: Idee, Satz & Druck, Hamburg
ISBN 3-87975-690.2

Inhalt

Viertes Kapitel: Die Reproduktionskosten der Arbeitskraft als Erscheinungsform ihres Wertes

Schlußbemerkungen

Anmerkungen

Anlagen

»Seit dem Eintritt der Zivilisation ist das Wachstum des Reichtums so ungeheuer geworden, seine Formen so verschiedenartig, seine Anwendung so umfassend und seine Verwaltung so geschickt im Interesse der Eigentümer, daß dieser Reichtum, dem Volk gegenüber, eine nicht zu bewältigende Macht geworden ist. Der Menschengeist steht ratlos und gebannt da vor seiner eigenen Schöpfung. Aber dennoch wird die Zeit kommen, wo die menschliche Vernunft erstarken wird zur Herrschaft über den Reichtum, wo sie feststellen wird sowohl das Verhältnis des Staats zu dem Eigentum, das er schützt, wie die Grenzen der Rechte der Eigentümer. Die Interessen der Gesellschaft gehen den Einzelinteressen absolut vor, und beide müssen in ein gerechtes und harmonisches Verhältnis gebracht werden. *Die bloße Jagd nach Reichtum ist nicht die Endbestimmung der Menschheit, wenn anders der Fortschritt das Gesetz der Zukunft bleibt, wie er es war für die Vergangenheit.*«

Lewis H. Morgan: Ancient Society, or Researches in the Lines of Human Progress from Savagery, through Barbarism to Civilization, London 1877, S.552, zitiert nach: Friedrich Engels: Der Ursprung der Familie, des Privateigentums und des Staats, in: MEW. Bd.21, S.172/173.

Vorbemerkung

Neben der grundlegenden Erfahrung aus dem »realsozialistischen« Versuch, daß ohne reale Demokratie kein gesellschaftlicher Fortschritt möglich ist, halte ich es für eine außerordentlich wichtige praktische Erfahrung, daß eine auf Arbeitsteilung und notwendigem Austausch der Gebrauchsgüter als Waren beruhende Gesellschaft nicht ohne Marktbeziehungen, Wert, Geld, Wettbewerb selbständiger Unternehmen verschiedener Eigentumsformen usw. auskommen kann. Dazu gehört die Erfahrung, daß wirtschaftliche Planung und Markt keine gegensätzlichen und Kapitalismus und Markt keine identischen Begriffe sind. Nicht »der Markt« ist das Übel unserer heutigen Gesellschaft, sondern die unumschränkte Herrschaft des Kapitals über alle gesellschaftlichen Verhältnisse, auch über das Austauschverhältnis der Arbeitskraft des Menschen gegen die materiellen Mittel, deren er zu seiner Erhaltung und Entwicklung bedarf.

Die vorliegende Arbeit ist ein Versuch, dieses ökonomische Verhältnis der Arbeitskraft, wie es sich auch heute unter der gesellschaftlichen Oberfläche vollzieht, darzustellen und bewußt zu machen, um eine reale Richtung für Veränderungen der Verteilungsverhältnisse aufzuzeigen und illusionären Vorstellungen entgegenzutreten, z.B. dem hoffnungslosen Bestreben nach mehr »Leistungsgerechtigkeit« in der Verteilung des gesellschaftlichen Reichtums.

Gleichzeitig geht es mir um einen Ansatzpunkt für linke Konzepte zur bewußten Gestaltung der Verteilungsverhältnisse in einer zukünftigen Gesellschaft, in der die Dominanz das Kapitals zurückgedrängt sein wird und sich die Entfaltung der menschlichen Kräfte und Fähigkeiten zum vorherrschenden Motiv der Produktion entwickeln kann. Das bedeutet, der »Jagd nach dem Reichtum« in Form des Geldes die genußvolle Mühe um die Entwicklung des Reichtums menschlicher Kraftentfaltung entgegenzusetzen.

Es geht also um eine *positive* Umorientierung, und zwar nicht nur auf moralische und andere ideelle Werte, nicht um »mehr zu sein« als »zu haben«, sondern um eine *dem Kapital gegenüber alternative Wertform* im ökonomischen Sinne, welche den arbeitenden Menschen selbst repräsentiert und die zur dominierenden Form materieller Werte werden kann.

Es geht um die *Frage, welches ökonomische Verhältnis die Dominanz des Kapitals ablösen kann.* Ich sehe die dafür entscheidende ökonomische Kategorie in der *Arbeitskraft*, deren Entwicklung – wenn die Wirtschaft für die Menschen da sein soll – Ausgangspunkt und Ziel des gesellschaftlichen Reproduktionsprozesses werden muß.

Den Kern meiner hier dargelegten Auffassungen vom »Wert der Arbeitskraft« als ökonomische Kategorie habe ich bereits in den 70er Jahren an einem wirtschaftswissenschaftlichen Institut der DDR entwickelt und schriftlich dargelegt. Diese Arbeit wurde damals als »Revisionismus« abgelehnt und mir die weitere Arbeit in dieser Richtung untersagt, worauf ich das Institut verließ.

Meine Erkenntnisse und Auffassungen beruhen einerseits auf meinen Erfahrungen und Kenntnissen der DDR-Wirtschaft, insbesondere der in den siebziger und achtziger Jahren zunehmenden Probleme der Verteilungspolitik, und andererseits auf dem Studium der Marxschen Werke und meiner kritischen, damals natürlich offiziell nicht erwünschten Interpretation derselben. Alle in den darauffolgenden Jahren von mir weiter angestellten Beobachtungen und Studien bestärkten mich in meinen Vorstellungen. Die Praxis der Verteilungspolitik in der DDR erwies sich als ungeeignet, um soziale Gerechtigkeit bei gleichzeitiger wirtschaftlicher Effizienz durchzusetzen. Gerade die Betrachtung der Arbeitskraft als »wertfreie« Größe, ihre Mißachtung als *ökonomische Kategorie*, führte im »Realsozialismus« in erheblichem Maße mit zur Verschleuderung von Arbeitskraft.

Nach dem Zusammenbruch des sozialistischen Versuchs habe ich mich bemüht, meine seinerzeit gewonnenen Erkenntnisse anhand von Veröffentlichungen westdeutscher linker Wissenschaftler, die mir vor der Wende gar nicht oder nur in sehr eingeschränktem Maße zur Verfügung standen, zu überdenken und zu präzisieren.

Die im Motto dieser Arbeit angeführten mahnenden Worte Morgans wurden vor über hundert Jahren geschrieben. Heute sind diese Worte sehr viel eindringlicher geworden. In diesen hundert Jahren hat sich die Menschheit – berauscht von den sich aus naturwissenschaftlichen und technischen Erkenntnissen ergebenden Möglichkeiten – rasant weiterentwickelt, ohne innezuhalten und darüber nachzudenken, *wohin der Mensch selbst* dabei gerät. Um eine höhere Stufe der Zivilisation zu beschreiten, bedarf es neben der Kenntnis der Naturgesetze vor allem der Erkenntnis der Zusammenhänge und Möglichkeiten der eigenen gesellschaftlichen Entwicklung. Karl Marx gab uns im Rahmen seiner Analyse des Kapitals, besonders mit seiner Werttheorie ein Instrument in die Hand, dessen Nutzung für linke Konzepte unverzichtbar ist. Es wird Zeit, zu begreifen, daß der erstrebenswerte Reichtum nicht nur in der Anhäufung von »toten Dingen«, von Werten in der Form von Gebrauchsgütern, von Produktionsmittel, von Geld und von Kapital, besteht, sondern auch und *vor allem* im Menschen selbst liegt, in seinen Kräften, Fähigkeiten, Kenntnissen, in der Entwicklung aller seiner physischen, psychischen und geistigen Möglichkeiten. Die Arbeitskraft ist der Inbegriff dafür.

Erstes Kapitel
Arbeit und Arbeitskraft

1. Arbeit ist die Grundlage des gesellschaftlichen Lebens

Alles, was uns umgibt, was wir *haben und* was wir *sind,* ist durch nichts anderes als durch Arbeit entstanden, durch Umgestaltung von Natur, einschließlich der Natur des Menschen. So allgemein betrachtet verstehe ich die gesellschaftliche Arbeit als den Stoffwechselprozeß zwischen Mensch und Natur, indem der Mensch »sich den Naturstoff in einer für sein eignes Leben brauchbaren Form« aneignet, dabei die Natur und »zugleich seine eigene Natur« verändert.[1] Die Arbeit »läßt sich nur begreifen, geht man den unendlichen Weg in die Vorgeschichte des Menschen zurück, ermittelt man den wesentlichen Unterschied zwischen tierischen Aktivitäten und menschlichen.«[2] Das Tier reagiert, es wittert die Gefahr und entflieht ihr. Der Mensch agiert, er baut sich Radaranlagen und Schutzzäune. Die Fähigkeit, sein Denken in bewußte, zielgerichtete Handlungen umzusetzen, die praktische, produktive und schöpferische *Tätigkeit* kennzeichnet das spezifisch menschliche Wesen. Damit verändert der Mensch die natürlichen und gesellschaftlichen Umstände und entwickelt sich gleichzeitig als Gattung und als Individuum. In diesem Prozeß entfaltet und entwickelt er seine Kräfte und Fähigkeiten. Zu dieser Betätigung hat sich der Mensch *nicht* aus freiem Willen entschieden, sondern er ist von vornherein gezwungen, seine Kräfte und spezifischen Fähigkeiten in Bewegung zu setzen, um die für sein Leben notwendigen Mittel der Natur zu entreißen, sie seinen Bedürfnissen entsprechend aufzubereiten bzw. auch künstlich herzustellen, zu produzieren. Und er ist dies immer. »So wenig eine Gesellschaft aufhören kann zu konsumieren, so wenig kann sie aufhören zu produzieren.«[3]

Die Arbeit ist also immer nach zwei Seiten hin Lebensnotwendigkeit für den Menschen: Einerseits notwendig zur Schaffung der materiellen Mittel, die er zum Leben braucht, andererseits zur Betätigung seiner physischen, psychischen und geistigen Kräfte, die ihm als Anlagen von der Natur gegeben sind, die er aber nicht anders als durch Betätigung entwickeln kann. Indem die Menschen ihre vorhandenen Kräfte und Fähigkeiten in der Arbeit anwenden, erweitern sie dieselben zugleich; lernen, erwerben neue Fähigkeiten, Kenntnisse, Erfahrungen, spezielle Fertigkeiten und kommunizieren. Mit der Produktion von Lebensmitteln und Gebrauchsgütern entwickeln sie gleichzeitig sich selbst und die gesellschaftlichen Verhältnisse. So ist die Arbeit »die erste Grundbedingung alles menschlichen Lebens, und zwar in einem solchen Grade, daß wir in gewissem Sinne sagen müssen: Sie hat den Menschen selbst geschaffen.«[4] Diese »Selbsterzeugung« des Menschen im Prozeß der materiellen Produktion ist natürlich nicht als linearer Prozeß der Vervollkommnung des Menschen zu denken. Wie sehr im Verlaufe dieses Prozesses die menschlichen Kräfte und Anlagen auch »verstümmelt«, deformiert und zerstört wurden, hat z.B. Marx auf Hunderten von Seiten des »Kapitals« bei der Darstellung der Entwicklung des Kapitalismus von der Manufaktur bis zur großen Industrie anschaulich geschildert. Auch für uns ist das nicht alles Vergangenheit. Trotzdem sind die scheinbar grenzenlosen Fähigkeiten des modernen Menschen auf nichts anderes als auf menschliche Arbeit zurückzuführen.

Dieser Zusammenhang, daß sich in dem einheitlichen Prozeß *der Produktion und Reproduktion des materiellen Lebens gleichzeitig der Mensch entwickelt, daß seine* Kräfte und Fähigkeiten *in diesem Prozeß selbst* Gegenstand der gesellschaftlichen Produktion *sind, spielt in der vorliegenden Arbeit eine zentrale Rolle.*

Selbst wenn die Teilnahme an der Arbeit nur wenige Stunden des Tages oder wenige Tage der Woche erfordert, bleibt der komplexe Zusammenhang der Arbeit als Einheit von Existenzbedingung und Selbstverwirklichung erhalten. Und der Reichtum, den die Arbeit im Zusammenwirken mit der Natur hervorbringt, besteht nicht nur in äußerlichen, materiellen Gütern, sondern auch als Reichtum im Menschen selbst, und zwar in Form seiner vielfältigen Fähigkeiten, seines geistig-kulturellen Niveaus. Obgleich das individuelle und gesellschaftliche Leben mehr ist als Arbeit, so gibt es doch ohne gesellschaftliche Arbeit kein gesellschaftliches Leben! Als Grundlage des Lebens wird die Arbeit immer gesellschaftliche Notwendigkeit bleiben, unabhängig davon, wieviel Zeit sie erfordert.

1.1. Verlust der Arbeit ist Persönlichkeitsverlust

Der objektive »Zwang« der Arbeit beruht auf der »Tatsache, daß menschliches Leben nicht nur durch Arbeit entwickelt wird, sondern ohne Arbeit zugrunde geht«.[5] Das gilt für die Gesellschaft wie für den einzelnen. Wenn sich emanzipative Tätigkeit, Selbstverwirklichung, nur außerhalb der Arbeit vollziehen könnte, müßten die Millionen Arbeitslosen sich glücklich und am Ziel angelangt wähnen, solange sie mit finanzieller Unterstützung abgesichert sind. Von Ausnahmen abgesehen ist dies jedoch nicht der Fall. Nicht nur die unsichere Perspektive, sondern vor allem auch die fehlende gesellschaftliche Bindung und Anerkennung, das Verkümmern der erworbenen Fähigkeiten, ist es, was arbeitslose Menschen bedrückt und oft verzweifeln läßt. Oskar Negt schrieb dazu sehr treffend: »Arbeitslosigkeit ist ein Gewaltakt; ein Anschlag auf die körperliche und seelisch-geistige Integrität, auf die Unversehrtheit der davon betroffenen Menschen. Sie ist Raub und Enteignung der Fähigkeiten und Eigenschaften, die innerhalb der Familie, der Schule und der Lehre ...in der Regel in einem mühsamen und aufwendigen Bildungsprozeß erworben wurden und die jetzt, von ihren gesellschaftlichen Betätigungsmöglichkeiten abgeschnitten, in Gefahr sind, zu verrotten und schwere Persönlichkeitsstörungen hervorzurufen.«[6]

Zerstörtes Selbstwertgefühl, soziale Ausgrenzung und Demütigung, auch das Fehlen von Anforderungen an die Fähigkeiten u.a. führen zu psychischen Belastungen und haben nicht selten auch direkte Auswirkungen auf das körperliche

Wohlbefinden, auf die Gesundheit der plötzlich arbeitslos gewordenen Menschen. »Der Entzug betrieblicher Solidarität verbannt den Einzelnen in die Ohnmacht sinnloser Individualität, ... Arbeitslosigkeit macht daher verzweifelt, macht krank.«[7] Arbeit gehört aus all diesen Gründen zur Menschenwürde und ist ein einzuforderndes Menschenrecht.

Wenn mitunter *nur* der »Druck« der Notwendigkeit und die »Last« der Arbeit gesehen wird und deshalb die »Befreiung« des Menschen *von* der Arbeit, das »Ende« der Arbeit usw. gewünscht bzw. gefordert oder auch angesichts der realen Entwicklung vorausgesagt wird,[8] so wird die Arbeit nur einseitig dargestellt und die im täglichen Leben ständig spürbare Tatsache, daß die Arbeit auch für die Entwicklung des Menschen selbst unentbehrlich ist, ganz außer acht gelassen. Karl Marx kritisierte A. Smith, weil dieser die Arbeit »bloß als Opfer von Ruhe, Freiheit und Glück, nicht auch als *normale Lebensbetätigung«* auffaßt.[9]

Die in der Arbeiterbewegung sogar noch in den Jahren nach dem Zweiten Weltkrieg anzutreffende utopische Vorstellung, daß sozialistische bzw. kommunistische Verhältnisse in eine Gesellschaftsordnung münden müßten, in der von allen materiellen Gütern Überfluß herrschen würde und die Arbeit dann ihre Notwendigkeit eingebüßt hätte – eine Vorstellung, die offenbar auch auf einer einseitigen Interpretation von Marx und Engels beruhte –, ist längst in das Reich der Märchen verwiesen worden. Eher ist eine Gesellschaftsordnung durchaus vorstellbar, in der die Teilnahme an der immer notwendigen, sich aber allmählich immer mehr emanzipierenden Arbeit zu einem vorrangigen, wenn nicht zum erstrangigen Lebensbedürfnis wird. Für einen nicht unbeträchtlichen Teil der Menschen ist sie zweifellos bereits mindestens zu *einem* wichtigen Bedürfnis geworden, wie viele soziologische Untersuchungen belegen. Gerade die Konzepte zur »Humanisierung der Arbeit« in den 70er Jahren waren Reaktionen »auf die sich erhöhenden Ansprüche der Arbeiter an die Qualität ihrer Arbeit«.[10] Die Unternehmer waren und sind damit bemüht, die wachsende Identifizierung der Arbeiter mit einer interessanten Arbeit voll für ihre Zwecke zu nutzen.

Einem großen Teil der arbeitenden (und gerade auch arbeitslos gewordenen) Menschen ist der Zusammenhang zwischen nützlicher gesellschaftlicher Arbeit und eigener Persönlichkeitsentwicklung heute durchaus bewußt. Besondere Beispiele dafür sind die im Zuge der Deindustrialisierung in den östlichen Bundesländern massenhaft arbeitslos gewordenen Frauen. Sie nehmen oft erhebliche Benachteiligungen in der Lohnhöhe und in den Arbeitsbedingungen auf sich, nicht nur um ihren Lebensunterhalt zu verdienen, sondern auch um ihre Kräfte und Fähigkeiten einsetzen und weiterentwickeln zu können, in Kommunikation mit anderen zu bleiben und sich ihre gesellschaftliche Anerkennung zu erhalten.

1.2. Ungerechte Verteilung der Arbeit

So wichtig die Arbeit im Leben ist, kann sich das Leben natürlich nicht in der Arbeit erschöpfen. Die verausgabte Arbeitskraft muß sich reproduzieren, der Mensch sich erholen können. Für die Wahrnehmung und Entfaltung seiner vielseitigen Möglichkeiten, Begabungen, Talente, Neigungen, die natürlich über die Erfüllung auch einer noch so befriedigenden Arbeit hinausgehen; für seine Teilnahme am gesellschaftlichen, politischen und kulturellen Leben sowie für seine familiären Angelegenheiten, für die Erziehung der heranwachsenden Generation usw. braucht er arbeitsfreie Zeit. Kurioserweise findet jedoch neben der wachsenden Arbeitslosigkeit mit der Rationalisierung in den Unternehmen zugleich eine Intensivierung der Arbeit statt, welcher der noch verbleibende Teil der Beschäftigten gnadenlos ausgeliefert ist. Unter Ausnutzung des persönlichen Engagements für eine interessante Aufgabe, aber auch der nackten Angst um den Arbeitsplatz wird mittels Überstunden und anderer Überbeanspruchungen der Ausbeutungsgrad der Arbeitskraft gesteigert. So läßt die entwickelte kapitalistische Industriegesellschaft nicht nur einen Teil der produktiven Kräfte der Gesellschaft brach liegen, sondern verhindert geradezu die menschliche Entwicklung auch vieler – noch – im Arbeitsverhältnis stehender, aber über das normal verträgliche Maß hinaus beschäftigter Menschen.

Ein anderes Mißverhältnis ergibt sich daraus, daß infolge der wachsenden Produktivität der Arbeit die zur *Realisierung des Kapitals notwendige* Arbeit immer weniger wird, gleichzeitig aber dringend notwendige gesellschaftliche Arbeiten nicht in Angriff genommen werden, weil der zu erwartende Gewinn nicht hoch genug ist. Arbeiten zur Entwicklung der Menschen selbst, d.h. ihrer sozialen Beziehungen, Gesundheit, Wohnung, Kultur und Bildung, zur Sicherung der natürlichen Lebensbedingungen und einer menschenfreundlichen Umwelt sind deshalb nur im Kampf gegen das Profitprinzip zu realisieren. Vom »Ende der Arbeitsgesellschaft« kann also gar keine Rede sein. Nur die Umverteilung der auf das notwendige Maß verkürzten Arbeit auf alle arbeitsfähigen Mitglieder der Gesellschaft wird immer dringender.

Dabei geht es durchaus nicht nur um schöpferische, befriedigende Arbeit, sondern auch um Umverteilung der gesellschaftlichen Belastung. Denn bei allem technischen Fortschritt ist der schöpferische Charakter der Arbeit bei weitem noch nicht überall ausgeprägt. Daß die Arbeit in manchen Bereichen auch heute noch unter besonders gesundheitsgefährdeten, schweren, ja unwürdigen Bedingungen geleistet werden muß, wo von Selbstbetätigung überhaupt nicht gesprochen werden kann, ist nicht zu übersehen.[11] Es sind also sehr verschiedenartige konkrete Arten der Arbeit gesellschaftlich notwendig, ob sie nun als Last, als normale Lebenstätigkeit oder gar als Freude empfunden wird. Um so mehr ist die Teilnahme aller arbeitsfähigen Mitglieder der Gesellschaft an der Gesamtarbeit ein objektives Erfordernis der Zukunft. »Denn Gleichheit und Freiheit der Individuen verlangen die gesellschaftliche Organisation der Arbeit in der öffentlichen Sphäre, mit Beteiligung aller. Niemand soll die Last der Notwendigkeit für andere tragen, und dementsprechend soll auch niemand davon freigestellt sein, seinen Anteil zu tragen.«[12]

Die gerechte Verteilung der gesellschaftlich notwendigen Arbeit auf alle arbeitsfähigen Mitglieder der Gesellschaft betrachte ich als eine sehr *komplexe, humanitäre Forderung*:

- als materielle zur Sicherung des materiellen Lebensprozesses auf dem bisher erreichten Niveau;
- als eine soziale und moralische zur Teilnahme aller arbeitsfähigen Gesellschaftsmitglieder an der gemeinsamen Aufgabe
- und als emanzipative zur Selbstverwirklichung und Befreiung des Individuums und der Gesellschaft von anderen Zwängen als denen der *gesellschaftlichen Bedürfnisse*. Damit meine ich insbesondere die Befreiung von dem Zwang, die dominierenden Bedürfnisse des Kapitals nach immer größerer Mehrwertproduktion zu befriedigen.

2. Gesellschaftlich notwendige Arbeit

In der vorliegenden Arbeit geht es mir um die ökonomische Funktion der Arbeit, um den *für die Produktion und Reproduktion des materiellen und kulturellen gesellschaftlichen Lebens notwendigen* Teil der menschlichen Tätigkeit. Das ist die bestimmte Menge Arbeit, die unerläßlich ist, um die Gesellschaft auf dem erreichten Niveau zu reproduzieren und ständig weiterzuentwickeln, wobei Entwicklung nicht gleich quantitatives materielles Wachstum sein muß, sondern sich vor allem auch auf qualitative Prozesse wie soziale, kulturelle und ökologische Entwicklung bezieht. Als gesellschaftlich notwendige Arbeit betrachte ich also alle *für die Entwicklung der Menschen nützliche* Arbeit.

Unter individueller Arbeit verstehe ich danach – von den Problemen der Verteilung der Arbeit abgesehen – den von jedem gesunden, arbeitsfähigen Menschen zu erbringenden aliquoten Teil der notwendigen gesellschaftlichen Gesamtarbeit.

Gesellschaftlich notwendige Arbeit bezeichnet dabei nicht nur produktive Arbeit, die Marx »im eigentlichen« Sinn als »Kapital produzierende Arbeit«[13] bezeichnet, sondern umfaßt auch solche Tätigkeiten, die zur Sicherung der gesellschaftlichen Reproduktion unabdingbar sind, obwohl sie oft als unproduktiv angesehen werden, weil sie nicht Mehrwert erzeugen, sondern verbrauchen. Ohne auf den Zusammenhang von produktiver und unproduktiver Arbeit näher einzugehen,[14] muß man m.E. davon ausgehen, daß sich z.B. zur Abwendung der globalen Gefahren ein weites Feld für wissenschaftlich-technische, biologische, organisierende, kontrollierende u.a. Tätigkeit als *gesellschaftlich notwendige Arbeit* auftut, deren Realisierung nicht mehr beliebig hinausgeschoben werden kann. Vom Standpunkt des Kapitals können diese Arbeiten nur als unproduktiv, ineffizient und damit als »nicht gesellschaftlich notwendig« angesehen werden, was die Grenze der kapitalistischen Ökonomie deutlich vor Augen führt. Im Interesse des Überlebens und der weiteren Entwicklung der Menschen wird deshalb die *Gesellschaft gezwungen*, wichtige ökonomische Entscheidungen *immer weniger vom Standpunkt des Kapitaleigentümers* und *immer mehr vom Standpunkt einer neuen gesamtgesellschaftlichen Ökonomie*, einer Ökonomie der gesellschaftlichen Arbeit,[15] zu fällen, die auch ökologische Gesichtspunkte mit einschließt. Die Gesellschaft muß bestimmte, für das Kapital unproduktive Arbeit als »gesellschaftlich notwendig« anerkennen und letzten Endes auch *gegen die Interessen des Kapitals* realisieren. Die Produktivität und Effizienz solcher Arbeit wird sich wahrscheinlich nicht nur in Geldgewinn ausdrücken lassen, sondern möglicherweise im Gewinn an *Zeit*, Lebenszeit (!) und im Gewinn an *gesellschaftlichem* Reichtum, der sich in verschiedenen Formen darstellt.

Bei der heute rapide wachsenden Mehrwertproduktion im direkt wertschöpfenden Bereich – die Tendenz zur »Verschlankung« der Produktion zielt gerade auf die Stärkung dieses Bereichs als Ort der Wertschöpfung hin –[16] wächst auch die *reale Möglichkeit*, in wachsendem Maße in Bereichen zu investieren, die als unproduktiv für das Kapital gelten, für die Gesellschaft jedoch besonders wichtig sind. Arbeiten zur Umwelterhaltung und -sanierung, zur Bildung und Qualifizierung, zur Gesunderhaltung der Arbeitskraft, zur sozialen Betreuung und kulturellen Entwicklung usw., die heute tatsächlich – wenn auch widerspruchsvoll – eine allmähliche Verbreiterung erfahren, sind m.E. in einer an gesellschaftlichen Interessen orientierten Produktionsweise *produktive* Arbeiten. Damit erweitert sich zugleich allmählich der Bereich der *gesellschaftlich notwendigen* Arbeit.

Angesichts der weiter zunehmenden Rolle der Dienstleistungen, der Information usw. konstatiert Harry Nick, daß »der Marxsche Arbeitsbegriff viel zu eng geworden ist«.[17] Nach meiner Auffassung verändert sich mit dieser Entwicklung jedoch nicht der Arbeitsbegriff schlechthin, sondern das Verhältnis von produktiver und unproduktiver Arbeit, der Bereich der gesellschaftlich notwendigen Arbeit sowie die Interpretation von Arbeit als »Erwerbsarbeit«. Mit »Erwerbsarbeit« werden auch Tätigkeiten erfaßt, die für die gesellschaftliche Entwicklung nicht nur nicht notwendig, sondern sogar schädlich sein können bzw. über deren Notwendigkeit Zweifel angebracht sind (z.B. aufgeblähte Bürokratie, für die Verteidigung unnötige Rüstungswirtschaft, Waffenhandel, überflüssige Werbung, Prostitution, Pornographie, spekulative Tätigkeiten usw.). Solche *gesellschaftlich unrationellen* Erwerbstätigkeiten sind heutige Realität und entsprechen der Ökonomie der Kapitalverwertung. »Daß Arbeit ausschließlich unter dem Gesichtspunkt der *Erwerbsarbeit* gesehen wird, gründet sich nicht auf die Natur des Menschen, sondern ist Produkt einer geschichtlichen Entwicklung, welche die öffentlich anerkannten Betätigungen der Menschen auf den engen Horizont von Arbeiten reduziert, die in Waren oder Dienstleistungen im gesellschaftlichen Tauschverkehr umsetzbar und dinglich erfahrbar sind.«[18] Das Kriterium der Erwerbsarbeit ist tatsächlich nur die »Umsetzbarkeit«, sprich: Vermarktungsfähigkeit, nicht aber die gesellschaftliche Notwendigkeit oder Nützlichkeit.

Andererseits umfaßt die gesellschaftlich notwendige Arbeit auch selbständige, genossenschaftliche u.a. Arbeiten, die oft nicht als »Erwerbsarbeit« oder als »lohnabhängige Arbeit« angesehen wird, die jedoch zur gesellschaftlich notwendigen Gesamtarbeit gehören und für den Reproduktionsprozeß unentbehrlich sind. Der Begriff von gesellschaftlich notwendiger Arbeit ist also nach meiner Auffassung weder mit »Erwerbsarbeit« noch mit »Lohnarbeit« identisch. Diese Feststellung mindert nicht die Bedeutung des Begriffs der »Erwerbsarbeit« für die politische Forderung nach Vollbeschäftigung. Im Kampf gegen Arbeitslosigkeit geht es schließlich nicht darum, daß jeder Arbeitsfähige irgendeine Tätigkeit ausführen kann, sondern um »Erwerbsarbeit«, d.h. daß jeder für den Einsatz seiner Arbeitskraft die Mittel zum Leben für sich und seine Familie erwirbt.

Gleichzeitig betrachte ich Arbeit nicht in einem so offenbar willkürlich erweiterten Sinne, daß sie auch psychologische Aktivitäten, wie z.B. die Freudsche »Trauerarbeit« oder »Traumarbeit«, mit erfassen könnte, im Gegensatz zu G. Schrick, der die »wichtige Erweiterung des Begriffs der Arbeit« durch Freud als positiv einschätzt und selbst sogar von »Konsumarbeit«, »Beziehungsarbeit« u.ä. spricht. Es ist m.E. auch nicht zu akzeptieren, wenn Schrick z.B. von »innerpsychischen Arbeitsprozessen« spricht und Bildungsprozesse schlechthin als Arbeitsprozesse auffaßt, weil sie für die individuelle und gesellschaftliche Reproduktion notwendig sind.[19]

Im Arbeits- oder Produktionsprozeß wird Arbeitskraft verausgabt. Arbeit ist Anwendung der Arbeitskraft. Bildung ist Konsumtion von Informationen für den Arbeiter. Reproduktion des Arbeiters durch Essen, Schlafen, Bildung u.a. konsumtive Tätigkeiten bedeutet Akkumulation von Arbeitskraft. Lediglich zur Bezeichnung der Tätigkeit des Lehrenden kann man in diesem Zusammenhang von Arbeit sprechen. Wenn man psychische u.a. Prozesse mit ökonomischen Beziehungen vermengt, ist eine wissenschaftliche Sprache nicht mehr möglich.

Ich verwende den Begriff »gesellschaftlich notwendige Arbeit« als eine grundlegende Kategorie des gesellschaftlichen Reproduktionsprozesses, der ein *ökonomischer* Prozeß ist. Wie alle ökonomischen Kategorien ist auch der Begriff der »gesellschaftlich notwendigen Arbeit« ein relativer Begriff. Sein konkreter Inhalt hängt vor allem davon ab, ob man ihn vom Standpunkt der Ökonomie der Kapitalverwertung oder vom Standpunkt der Ökonomie der gesellschaftlichen Arbeit betrachtet.

3. Arbeit als zentrale ökonomische Kategorie

Wenn von Arbeit die Rede ist, so handelt es sich um eine sehr allgemeine Abstraktion, allerdings um die »einfachste Abstraktion, welche die moderne Ökonomie an die Spitze stellt und die eine uralte und für alle Gesellschaftsformen gültige Beziehung ausdrückt...«, sagt Marx.[20] Jedoch hat Marx diese »einfachste Abstraktion« in ihrer ganzen Vielschichtigkeit behandelt, die ich versuchen will, nachstehend anzudeuten:

Wie sich die Lichtstrahlen in einem Kristall vielfach brechen, so widerspiegelt die Kategorie der Arbeit eine ganze Phalanx von widersprüchlichen gesellschaftlichen Verhältnissen. Sie ist gleichzeitig Ausdruck von Existenzbedingung *und* Mittel zur Selbstverwirklichung, kann Mühsal, Last *und* auch Freude und Genugtuung bedeuten, kann vorwiegend körperliche oder vorwiegend geistige Tätigkeit, leichte und schwere Arbeit ausdrücken und unterschiedlichsten konkreten Inhalt haben. Der »Kristall« Arbeit reflektiert vor allem eine ganze Anzahl *ökonomischer* Verhältnisse, die jeweils einen spezifischen ökonomischen dialektischen Zusammenhang ausdrücken, wie vor allem konkrete und abstrakte, einfache und komplizierte, lebendige und vergegenständlichte, produktive und unproduktive, notwendige und Mehr-Arbeit. Diese verschiedenen Seiten der Arbeit spielen in der Marxschen Werttheorie eine jeweils spezifische Rolle. Alle diese differenzierten Bezüge sind Abstraktionen, die aber im Zusammenhang gesehen die Wirklichkeit erklären können, ähnlich der Möglichkeit der Mathematik, durch abstrakte Berechnungen das Bild vom Kosmos zu präzisieren.

Alle die o.a. verschiedenen Beziehungen der Arbeit stehen nun miteinander in Zusammenhang. Das bedeutet, daß z.B. sowohl vergegenständlichte wie auch lebendige Arbeit jeweils *gleichzeitig* konkrete und abstrakte Arbeit darstellen; oder daß zur Ausbildung und Qualifizierung der Arbeitskraft einfache und komplizierte Arbeit, die *gleichzeitig* konkrete und abstrakte Arbeit ist, verausgabt wird, usw. Für mein Anliegen, den Wert der Arbeitskraft darzustellen, hat das Verständnis für das Verhältnis von konkreter und abstrakter Arbeit eine herausragende Bedeutung, weshalb ich es ganz kurz vorweg skizziere.

In ihrer *konkreten*, individuell ganz *unterschiedlichen* Form liefert die Arbeit Gebrauchswerte in unendlicher Vielfalt. Die einzig *gemeinsame* Eigenschaft aller dieser verschiedenen konkreten Arbeiten besteht darin, überhaupt gesellschaftliche Arbeit, d.h. menschliche Arbeit schlechthin zu sein. Dieses einzige *Gemeinsame*, das die unterschiedlichen konkreten Arbeiten verkörpern, ist die abstrakte Form der Arbeit. Sie ist eine Potenz jedes Produkts, die nur im Austauschprozeß Relevanz erhält. Aber gerade diese abstrakte, als Teil der gesellschaftlichen Gesamtarbeit nur gedachte Form der Arbeit *ermöglicht* ihre Austauschbarkeit. Diese allen Produkten gemeinsame Eigenschaft, allgemeinmenschliche Arbeit zu sein, also die *abstrakte* Arbeit, bildet den Wert; sie ist die

Substanz des Wertes der für den Austausch produzierten Waren.[21] Ebenso ist die abstrakte Arbeit die Substanz des Wertes der in den Austausch einbezogenen Arbeitskraft, wovon Marx bei der Bestimmung des Wertes der Arbeitskraft ausging, was er jedoch so nicht explizit behandelt hat.

4. Ist die Arbeitskraft eine Ware?

Jede, auch die einfachste Arbeit, bedarf zu ihrer Verrichtung einer bestimmten Energie und einer bestimmten Vorstellung davon, was zu tun ist, da der Mensch –im Unterschied zu anderen Lebewesen – bekanntlich nichts tut, was nicht vorher durch seinen Kopf gegangen ist, und sei es nur der Gedanke, daß er sich etwas zu essen beschaffen muß, weil er Hunger verspürt. Diese Kräfte und Fähigkeiten konstituieren die Arbeitskraft des Menschen als *Voraussetzung* der Arbeit. »Unter Arbeitskraft oder Arbeitsvermögen verstehen wir den Inbegriff der physischen und geistigen Fähigkeiten, die in der Leiblichkeit, der lebendigen Persönlichkeit eines Menschen existieren und die er in Bewegung setzt, sooft er Gebrauchswerte irgendeiner Art produziert.«[22] Die Kategorie der Arbeitskraft umfaßt also eine große Vielfalt von Fähigkeiten, sowohl physische Kraft, Gewandtheit, Geschicklichkeit, Ausdauer als auch konkrete Kenntnisse, Fertigkeiten, Erfahrungen, Verstand, Phantasie, psychische Energie, Gefühl und anderes mehr. Selbstverständlich ist die Persönlichkeit des Menschen nicht auf die Arbeitskraft zu reduzieren, sie ist vielfältiger und reicher. In der Arbeitskraft sehe ich jedoch die materielle Basis der Persönlichkeit, eine materielle Kraft, welche ebenso ein Produkt der menschlichen Arbeit ist wie andere Güter.

4.1. Zur Begründung des Warencharakters der Arbeitskraft durch Marx

Marx erforschte nach seiner eigenen Erklärung die kapitalistische Produktionsweise und stand vor der Aufgabe, die Entstehung des Kapitals nachzuweisen. In Auseinandersetzung mit der vor ihm verbreiteten Annahme, daß sich Geld in der Zirkulation, durch Kauf und Verkauf von Waren in Kapital verwandle, kommt er zu dem Schluß, daß der das Kapital konstituierende Mehrwert »nicht aus der Zirkulation entspringen«, aber auch nicht losgelöst von der Zirkulation entspringen kann. »Die Verwandlung des Geldes in Kapital ist *auf Grundlage dem Warenaustausch immanenter Gesetze* zu entwickeln, so daß der Austausch von *Äquivalenten* als Ausgangspunkt gilt.«[23] Marx weist schließlich nach, daß der Kapitalist, der ja nur Waren kaufen will, auf dem Markt *eine spezifische »Ware«* vorfindet, »deren Gebrauchswert selbst die eigentümliche Beschaffenheit« besitzt, selbst »Quelle von Wert zu sein«.[24] Marx hätte diesen Nachweis gar nicht führen können, wenn er nicht erkannt hätte, daß die Arbeitskraft im Austausch Träger von Wert und Gebrauchswert ist, gleich einer Ware, so daß sich der Austausch von Arbeitskraft und Lebensmittel (vermittelt über den Lohn) *nach den gleichen Gesetzen wie jeder Warenaustausch* vollzieht. Es ist ihr *besonderer Gebrauchswert*, mehr Wert hervorzubringen, als sie selbst im Austausch realisieren kann, der sie *von allen anderen Waren unterscheidet*.

Indem Marx den spezifischen Gebrauchswert und Wert der Arbeitskraft erkannte, eine Spezifik, die sie nicht nur austauschbar, sondern auch für den Kapitaleigentümer zu einer unentbehrlichen »Ware« macht, deckte er die wirkliche Quelle des Mehrwerts auf. Er löste damit einen in Smith' Theorie enthaltenen Widerspruch. Dazu schrieb Marx: »Es ist das große Verdienst A. Smiths, daß er ...wo er vom einfachen Warenaustausch und seinem Gesetz des Werts übergeht zum Austausch von vergegenständlichter und lebendiger Arbeit, zum Austausch zwischen Kapital und Lohnarbeit ...kurz, zum Ursprung des Mehrwerts, es fühlt, daß hier ein Riß eintritt, daß.. ..ein Umschlag des Gesetzes des Werts in sein Gegenteil stattfindet. Es ist ebenso seine theoretische Stärke, daß er diesen Widerspruch fühlt und betont, wie es seine theoretische Schwäche ist, daß es ihn an dem allgemeinen Gesetz, selbst für den bloßen Warenaustausch, irrmacht, daß er nicht einsieht, wie dieser Widerspruch dadurch eintritt, daß das Arbeitsvermögen selbst zur Ware wird und daß bei dieser *spezifischen* Ware ihr Gebrauchswert ... selbst die den Tauschwert schaffende Energie ist. Ricardo hat das vor A.Smith voraus, daß diese ... Widersprüche ihn nicht beirren. Er steht darin hinter A. Smith zurück, daß er nicht einmal ahnt, daß hier ein Problem liegt und daher die *spezifische* Entwicklung, die das Gesetz der Werte mit der Kapitalbildung annimmt, ihn keinen Augenblick stutzig macht noch ihn beschäftigt.«[25]

Im Vorwort zum zweiten Band des »Kapital« schreibt Friedrich Engels: »Indem er (Marx – I.D.) hier die Arbeitskraft, die wertschaffende Eigenschaft, an die Stelle der Arbeit setzte, löste er mit einem Schlag eine der Schwierigkeiten, an der die Ricardosche Schule zugrunde gegangen war...« Und weiter: »Es ist nicht die Arbeit, die einen Wert hat. Als wertschaffende Tätigkeit kann sie ebensowenig einen besonderen Wert haben, wie die Schwere ein besonderes Gewicht, die Wärme eine besondere Temperatur, die Elektrizität eine besondere Stromstärke. Es ist nicht die Arbeit, die als Ware gekauft und verkauft wird, sondern die Arbeitskraft.«[26] Auch unter heutigen Bedingungen sind die Eigentümer von Produktionsmitteln gezwungen, die Arbeitskraft zu kaufen »wie jede andere Ware«, wie Maschinen, Roh- und Hilfsstoffe, um den Produktionsprozeß in Gang zu bringen bzw. zu halten.

Mit der Betonung des »Warencharakters« der Arbeitskraft deckte Marx ein Verhältnis auf, das sich *praktisch* – von allen arbeitenden Menschen täglich wahrnehmbar – vollzieht: das Austauschverhältnis zwischen Arbeitskraft und den Lebensmitteln des Arbeiters, vermittelt über das Geld; ein Verhältnis, das die Möglichkeit enthielt, die Arbeitskraft des (einen) Menschen durch den (anderen) Menschen auszubeuten. Die praktische Wahrnehmbarkeit dieses Verhältnisses machte seine Theorie für die Arbeiter einleuchtend, und sie wurde von der Arbeiterbewegung so verinnerlicht, daß es heute im linken Spektrum noch gang und gäbe ist, von der »Ware Arbeitskraft« zu sprechen. Und die Praxis bestätigt *scheinbar* diese Auffassung noch täglich. Keine Parteischulung in der DDR hat den arbeitenden Menschen den Begriff »Ware Arbeitskraft« wohl so plausibel machen können, wie die kapitalistische Praxis in Ostdeutschland, indem mit der Liquidierung der Betriebe, mit Umstrukturierung und Rationalisierung Tausende Arbeiter und Arbeiterinnen wie eine überflüssige Ware auf die Straße gesetzt wurden.

4.2. Zur Spezifik der Arbeitskraft

Daß Marx in der Arbeitskraft *nicht nur* eine »Ware« sah, sondern den »Inbegriff« aller Fähigkeiten, Kräfte etc. ist bekannt. Er hob die *Besonderheiten*, welche die »Ware Arbeitskraft« gegenüber *allen anderen Waren* aufweist und die zum »Warencharakter« in Widerspruch stehen, wiederholt hervor. Diese sind vor allem folgende:

- *Erstens* ist die Arbeitskraft – wie bereits erwähnt – die »spezifische Ware«, »deren wirklicher Verbrauch also selbst Vergegenständlichung von Arbeit..., daher Wertschöpfung« ist.[27] Sie ist also eine *schöpferische Kraft*, die letzten Endes im Prozeß ihrer Auseinandersetzung mit der Natur allen gesellschaftlichen Reichtum hervorbringt.
- *Zweitens* kann die Arbeitskraft nur in der »Leiblichkeit der *lebendigen Persönlichkeit* eines Menschen existieren«, so daß ihre Daseinsweise (Ausbeutung, Unterdrückung, Verkümmerung oder auch Förderung, Entwicklung, Entfaltung usw.) immer auch gleich das Schicksal ihres »Eigentümers«, die Persönlichkeit, beeinflußt. »Produktion der Arbeitskraft ist identisch mit der eigenen Lebensproduktion und kann daher auch nicht einfach aufgegeben werden.«[28] Auch die Spezifik des Austauschvorganges, des Kaufs und Verkaufs der Arbeitskraft, unterscheidet die Arbeitskraft von den »normalen Waren«. Der »freie Eigentümer seines Arbeitsvermögens« und der »Geldbesitzer« treten sich auf dem Markt gegenüber als »ebenbürtige Warenbesitzer, nur dadurch unterschieden, daß der eine Käufer, der andre Verkäufer, beide also juristisch gleiche Personen sind. Die Fortdauer dieses Verhältnisses erheischt, daß der *Eigentümer der Arbeitskraft* sie stets nur *für bestimmte Zeit* verkaufe, denn verkauft er sie in Bausch und Bogen, ein für allemal, so verkauft er sich selbst, verwandelt sich aus einem Freien in einen Sklaven, aus einem Warenbesitzer in eine Ware.«[29]
- *Drittens* ist die Art und Weise ihrer Reproduktion eine ganz spezifische. »Die *Konsumtion des Arbeiters* ist doppelter Art. In der Produktion selbst konsumiert er durch seine Arbeit Produktionsmittel und verwandelt sie in Produkte von höherem Wert als dem des vorgeschoßnen Kapitals. Das ist seine produktive Konsumtion. Sie ist zugleich Konsumtion seiner Arbeitskraft durch den Kapitalisten, der sie gekauft hat. Andererseits verwendet der Arbeiter das für den Kauf der Arbeitskraft gezahlte Geld in Lebensmittel: Dies ist seine individuelle

Konsumtion. Die produktive und die individuelle Konsumtion des Arbeiters sind also total verschieden.«[30] Im Prozeß der produktiven Konsumtion verbraucht der Arbeiter außer Produktionsmitteln vor allem die in seiner Arbeitskraft enthaltene Energie. Die verausgabten physischen und psychischen Kräfte muß er mittels der individuellen Konsumtion wieder ersetzen. Ich möchte jedoch ergänzen, daß der Arbeiter seine im Produktionsprozeß angewandten speziellen Fähigkeiten und Fertigkeiten, Kenntnisse und Erfahrungen, Kräfte also, die den spezifischen Gebrauchswert seiner Arbeitskraft konstituieren, nur zum Teil außerhalb des Produktionsprozesses reproduzieren kann, z.B. durch Bildung und Weiterbildung. Die laufende Erhaltung und Entwicklung seiner spezifischen Fähigkeiten findet aber auch – m.E. *vorwiegend* – *innerhalb* des Produktionsprozesses statt. Vorwiegend *im* Prozeß der Arbeit kann er diese Kenntnisse, Fähigkeiten etc. einsetzen, »üben« und erweitern. Die Arbeitskraft wird demnach sowohl in der Produktions- als auch in der Konsumtionsphase reproduziert. Sie ist also ein *Produkt* des gesamten gesellschaftlichen Reproduktionsprozesses. »*Die sogenannten Reproduktionsbereiche sind im Grunde zentrale Produktionszusammenhänge*. Hierbei geht es freilich nicht um die Produktion von Waren, sondern um die Erzeugung, Erhaltung und Entwicklung lebendiger Arbeitskraft als der Grundlage des Lebens in einer Gesellschaft, in der *gegenständliche Tätigkeit* Voraussetzung für sinnvolle Lebensgestaltung ist.«[31]

Man muß feststellen, daß der *Gegensatz* von Arbeitskraft und Ware von Marx durchaus nicht übersehen wird. So erklärt er z.B. den »Widerspruch von Arbeit als Quelle des Reichtums und Armut des Arbeiters in der kapitalistischen Produktionsweise« damit, »daß der Werth, erscheine er in der Form der Waare oder des Gelds, dem Arbeitsvermögen als solcher als eine besondere Waare *gegenübersteht*«.[32] »Daß Gebrauchswert und Wert der Ware Arbeitskraft ihre gegenüber der übrigen Warenwelt unterscheidbaren Bestimmungsfaktoren haben, hat gerade Marx betont«, schreibt dazu Harry Nick.[33] Dagegen bemerkt Michael Heinrich einschränkend: »Was man Marx vorwerfen kann, ist, daß er die *Besonderheit der Wertbestimmung* der Arbeitskraft nicht genügend hervorgehoben hat.«[34] Meines Erachtens trifft beides zu.

Indem Marx die Arbeitskraft einerseits als Träger von Wert und Gebrauchswert erkennt und sie damit als etwas den Waren *Vergleichbares* betrachtet, andererseits die Spezifik ihres Gebrauchswertes, ihre wertschaffende Potenz, entdeckt und hervorhebt, was sie wiederum grundsätzlich von der Ware unterscheidet, löste er den in Smith' Theorie enthaltenen Widerspruch. Daß er jedoch trotz seiner Erkenntnis der Besonderheit ihrer Wertbestimmung die Arbeitskraft unter die Waren *subsumierte*, setzt m.E. einen neuen Widerspruch: die Arbeitskraft ist Ware und gleichzeitig »eigentlich« keine Ware! Dieser Widerspruch wurde von Marx nicht mehr gelöst, offenbar auch nicht als solcher empfunden. Das kann auch nicht verwundern, da ja das Lösen und Neusetzen von Widersprüchen der *normale* Gang wissenschaftlicher Arbeit ist.

Angesichts der enormen Produktivkraftentwicklung in den vergangenen hundert Jahren und der damit verbundenen Erhöhung der schöpferischen Potenz der Arbeitskraft rückt der mit dem Begriff »Ware Arbeitskraft« verbundene Widerspruch heute ins Blickfeld. Zweifel an der Logik dieses Begriffs erscheinen mir legitim.

4.3. Die Arbeitskraft als Wertform

Besonders engagiert wird die Berechtigung der Einordnung der Arbeitskraft als Ware durch Peter Ruben bestritten.[35] Ruben stellt eine Reihe »logischer Widersprüche« in der Marxschen Werttheorie, insbesondere bei der Verwendung der Begriffe Waren, Gebrauchswerte und Arbeitskraft, fest und analysiert seinerseits die »ökonomischen Dimensionen« dieser Kategorien. Er sieht in der Arbeitskraft vor allem eine »ökonomische Maßart« und einen »Wert*faktor*«, weshalb sie nicht Ware sein könne. »Der Grund ist einfach: Waren sind ökonomische Dinge, die Werte haben. Werte sind Dimensionen, die Produkte (Vereinigungen) aus den Grunddimensionen der Arbeitskraft, des Gebrauchswerts und der Produktionsdauer darstellen. Und weil der *Faktor* eines Produkts nicht dieses *Produkt* selbst ist, ist die Arbeitskraft kein Wert (ebensowenig die Arbeit). Ist aber die Arbeitskraft kein Wert, so kann sie auch nicht Ware sein.« schreibt Ruben.[36] Er versteht »Arbeit als Faktor der Wertbildung« und zugleich die Arbeitskraft »ihrerseits als Faktor der Arbeit.«[37] Dieser Betrachtungsweise muß ich jedoch widersprechen.

Ruben setzt offenbar den Arbeitsprozeß mit dem Wertbildungsprozeß gleich. Unterscheidet man jedoch – wie Marx – zwischen beiden, so wird klar, daß die Arbeitskraft Faktor des Arbeitsprozesses ist, der Wert jedoch aus c + v + m gebildet wird. Der hier zur Debatte stehende »Faktor der Wertbildung« ist also das variable Kapital plus Mehrwert bzw. die Lohnsumme des Arbeiters plus dessen unbezahlte Arbeit. Nach Rubens Logik könnte man nun mit dem gleichen Recht behaupten, daß auch die Produktionsmittel, die als konstantes Kapital ganz oder teilweise in das Wertprodukt eingehen, »Faktor der Arbeit« seien und »deshalb« keinen Wert hätten und auch keine Waren sein könnten, was der Realität offensichtlich widerspricht.

Des weiteren begründet Ruben seine Auffassung damit, daß es sich bei dem zwischen Arbeiter und Kapitalist geschlossenen Kontrakt nicht um Kauf und Verkauf der Arbeitskraft handeln würde, sondern um ein »Verdingen«.[38] Die veränderte Wortwahl verschleiert m.E. lediglich das reale Austauschverhältnis, das stattfindet. R. sieht diesen Austausch nur vom Standpunkt des Kapitaleigentümers, für den »die Indienstnahme des Arbeiters ...die Bildung von Arbeits*kosten*, von denen die *Lohn*kosten nur einen Teil bilden«, bedeutet und der das Risiko trägt.[39] Daß dieser die Produktion überhaupt nur in Gang setzt, *weil* er davon *Profit* erwartet, wird hier ausgeblendet. Die »Deutung des Arbeitslohnes, ›Preis der Arbeitskraft‹ zu sein«, nennt R. ein »unreflektiertes Vorurteil«

und ist der Meinung, »daß die Konkurrenz um bestehende Arbeitsplätze die Existenz eines ›Arbeitsmarktes‹ suggeriert.«[40]

Der Arbeiter bietet dem Eigentümer der Produktionsmittel jedoch seine Arbeitskraft nicht aus Lust und Laune an, sondern er ist um seiner Existenz willen gezwungen, seine Arbeitskraft zu verkaufen, d.h. ein *ökonomisches* (Austausch-) Verhältnis mit dem Eigentümer der Produktionsmittel einzugehen. Für Ruben ist der Abschluß eines Arbeitsvertrages jedoch »nicht ein gesellschaftliches Verhältnis, sondern ein rechtliches im Rahmen einer Rechtsgemeinschaft, deren Arbeitsrecht zugrunde liegt«.[41] Er übersieht dabei, daß der juristische Akt nur die *Sanktionierung* dieses *ökonomisch notwendigen* Verhältnisses zwischen dem Besitzer der Arbeitskraft und dem Unternehmer (bzw. einer Unternehmensgruppe) darstellt, welcher wiederum diese Arbeitskraft ebenfalls mit Notwendigkeit braucht, um seine Produktionsmittel in Gang zu setzen und vor allem gewinnbringend produzieren zu können; ein Verhältnis, das im Kapitalismus der gesellschaftlichen Produktion seinen Stempel aufdrückt.

Marx hat zwar den Wert und Gebrauchswert der Arbeitskraft herausgearbeitet, jedoch dieselbe sogleich unter die Waren subsumiert. Die Arbeitskraft ist aber ein *besonderes Produkt der menschlichen Arbeit*, das den als Waren zirkulierenden Produkten *gegenübersteht*. Sie ist die Kraft, welche die Waren fortwährend hervorbringt, die sie sich aber über einen gesellschaftlichen Austauschprozeß als Lebensmittel wieder aneignen muß. Daß sich die Arbeitskraft mit den Waren austauschen kann (und muß), rechtfertigt jedoch nicht ihre Subsumtion unter die Waren. Die früher erwähnte Einheit der Arbeit als Existenzbedingung und Selbstverwirklichung tritt hier in Erscheinung als Einheit der Produktion von Waren (Gebrauchsgegenständen) einerseits und Produktion von Arbeitskraft andererseits, eine Einheit, deren beide Seiten sich wechselseitig bedingen, aber *nicht identisch* sind. Der Begriff »Ware Arbeitskraft« ist deshalb relativ wie alle ökonomischen Kategorien. Nur unter der *einen* Bedingung, daß der Eigentümer von Arbeitskraft und der Eigentümer von Produktionsmitteln ein unmittelbares Austauschverhältnis eingehen, erhält die Arbeitskraft den Charakter einer Ware, *erscheint* als Ware, aber *sie ist nicht* Ware. Als besonderes Produkt menschlicher Arbeit, welches Gebrauchswert und Wert repräsentiert, als eine Form des Wertes, steht die Arbeitskraft *neben* anderen Wertformen (Waren als Gebrauchsgüter, Produktionsmittel und Dienstleistungen, sowie Geld oder Kapital).

Ich betrachte deshalb die Arbeitskraft als einen *spezifischen* Träger von Wert, der selbst nicht unter die Waren zu zählen ist; als eine *von allen anderen Trägern von Wert grundsätzlich unterschiedene, eigenständige Wertform,* welche unter bestimmten Bedingungen als »Ware« *erscheinen* kann.[42] So tritt sie vom Standpunkt des kapitalistischen Unternehmers als »Ware« in Erscheinung, so wie man sie vom Standpunkt des Arbeiters auch als »sein Kapital«, oder das »Geld« unter einem bestimmten Gesichtspunkt als »Ware« betrachten könnte.

Will man allerdings die Eigentümlichkeit der Arbeitskraft analysieren, darf man bei ihrer Erscheinungsform nicht stehenbleiben. Aufgrund ihrer jeweiligen Spezifik hat jede der angeführten Wertformen ihre eigene Geschichte, die von Marx in *unterschiedlichem* Maße analysiert wurde. Um den von ihm gesetzten Widerspruch – die Arbeitskraft ist Ware und nicht Ware – zu lösen, muß der »geschichtlichen Spur«[43] der Kategorie Arbeitskraft nachgegangen und diese präzisiert werden. Im dritten Kapitel dieser Arbeit unternehme ich einen Versuch in dieser Richtung.

Die oben angeführten grundsätzlichen Unterschiede der Wertform Arbeitskraft und der Wertform Ware berechtigen m.E. jedoch schon hier zu der Schlußfolgerung, daß es wissenschaftlich nicht exakt ist, die Arbeitskraft als Ware zu bezeichnen. Deshalb neige ich dazu, der von Peter Ruben aufgestellten These: »Die Arbeitskraft ist keine Ware«, zuzustimmen, allerdings – wie man sieht – aus ganz anderen Gründen als Ruben.

5. Verwechslung von Arbeit und Arbeitskraft

Wohl die meisten linken Wirtschaftswissenschaftler, vor allem linke Gewerkschaftsfunktionäre, sprechen mit Selbstverständlichkeit und in Übereinstimmung mit Marx vom Lohn als Äquivalent für die Arbeitskraft. Andererseits wird oft – gedankenlos oder mit Überzeugung – im Lohn das Äquivalent für die »Arbeit« gesehen, obwohl es sich, wie Marx sich selbst berichtigte, um das Arbeitsvermögen handelt.

Diese Verwechslung noch heute, über hundert Jahre nach Erscheinen des ersten Bandes des »Kapital«, ist besonders erstaunlich in der linken bzw. sozialdemokratischen Literatur. Ein Musterbeispiel dafür liefert Oskar Lafontaine in seinem Buch »Das Lied vom Teilen«. Er spricht dort einerseits zu Recht davon, daß »ohnmächtig und zu einem guten Teil unfrei ist, wer seine *Arbeitskraft* auf dem Markte feilbieten ...muß«. Nur wenige Seiten weiter heißt es andererseits, daß »die notwendige *Erwerbsarbeit* durch eine kapitalistische Wirtschaftsordnung zur Ware ›entfremdet‹ wird«, um gleich darauf auch noch vom »Warencharakter der kapitalistischen *Arbeit*« zu sprechen. Ja, er unterstellt sogar Marx, »richtig gesehen« zu haben, »daß der *Warencharakter der Erwerbsarbeit* einer Selbstverwirklichung der Menschen in ihrer Arbeit entgegensteht«.[44] Drastisch bemerkt Marx dazu: »Wer Arbeitsvermögen sagt, sagt nicht Arbeit, so wenig als wer Verdauungsvermögen sagt, Verdauen sagt. Zum letzteren Prozeß ist bekanntlich mehr als ein guter Magen erfordert.«[45]

In den letzten Jahren herrscht Übereinstimmung von den Unternehmerverbänden über die Bonner Regierungsparteien bis zur SPD: »Die Kosten *für die Arbeit* sind zu hoch!« oder »Die Arbeit in Deutschland ist zu teuer!« oder »Für den Lohn muß mehr geleistet werden!« In all diesen und ähnlichen Formulierungen wird unterstellt, daß der Lohn das Äquivalent für die Arbeit bzw. für die Arbeitsleistung, nicht für die Arbeitskraft sei.

Auch unter den lohnabhängig Beschäftigten selbst ist diese Auffassung, daß die Verteilung »nach der Arbeitsleistung«, also »nach der Arbeit«, vor sich geht bzw. sich zumindest am »Leistungsprinzip« orientiert oder orientieren sollte, weit verbreitet, sowohl in der alten Bundesrepublik als auch in den neuen Bundesländern und über Deutschland hinaus. In dieser Beziehung gab es in den zusammengebrochenen »realsozialistischen« Staaten fast die gleichen Auffassungen und Argumentationen, wie es sie in der kapitalistischen Welt gibt – ein Faktum, welches uns doch aufhorchen lassen müßte!

Im nächsten Kapitel möchte ich nachweisen, daß die Grundlage für das reguläre Einkommen der abhängig beschäftigten Arbeitskräfte, also für Lohn und Gehalt, *in einer warenproduzierenden Gesellschaft nicht* die Arbeit bzw. die Leistung ist, sondern immer nur der Wert der Arbeitskraft sein kann, daß sich diese Grundlage seit Marx prinzipiell nicht verändert hat.

Zweites Kapitel
Die Illusion vom Leistungsprinzip

1. Vorbemerkung

Daß die Bundesrepublik von Anfang an eine »Leistungsgesellschaft« war – wer wollte es bezweifeln? »Leistung lohnt sich«; »Wer vorwärtskommen will, muß etwas leisten«; das sind allgemein anerkannte Sprüche. Der nach Osten und Süden ausstrahlende Wohlstand repräsentierte geradezu diese »Leistungsgesellschaft«.

Was wird nun unter dem Begriff »Leistung« eigentlich verstanden?

Auf jeden Fall doch wohl eine Verausgabung von Kraft, Energie, Arbeitskraft, genauso wie auch Arbeit eine Verausgabung von Arbeitskraft ist. Im allgemeinen Sprachgebrauch wird mit dem Begriff »Arbeit« mehr das normale Maß einer Arbeitstätigkeit bezeichnet, während der Begriff »Leistung« (soweit er im Sinne einer Tätigkeit verwandt wird) mehr für besonders intensive, anstrengende, zielstrebige Arbeit oder auch für besondere Ergebnisse der Arbeit benutzt wird. Ich sehe also in den Begriffen Arbeit und Leistung keine wesentlichen, sondern vor allem graduelle Unterschiede. »Leistungsgesellschaft« impliziert nun zugleich die Aussage, daß auch die Verteilung nach dem »Leistungsprinzip« erfolgt, daß also jeder gerade so viel bekommt, wie er »leistet« bzw. entsprechend seiner Arbeit entlohnt wird.

2. Wie sieht es mit der »Verteilung nach der Leistung« praktisch aus?

Die Realität zeigt, daß gerade diejenigen Beschäftigten, welche die materiellen Werte schaffen, also die größten »Leistungen« in das Bruttosozialprodukt einbringen, bei weitem nicht an der Spitze der Einkommensskala liegen. Daß das oberste Zehntel der Gesellschaft fast die Hälfte des Nettovermögens auf sich vereinigt, während sich die untere Hälfte der Gesellschaft in nur 2,4 % des Nettovermögens teilt,[1] spricht einer angeblich »leistungsgerechten« Verteilung der gesellschaftlich erarbeiteten materiellen Werte geradezu Hohn. Die Arbeitseinkommen der abhängig Beschäftigten haben sich von 1980 bis 1994 brutto auf 160 %, netto auf 144 % erhöht, während die Gewinne aus Unternehmen und Vermögen dagegen auf 240 % brutto und 265 % netto angestiegen sind. Die bereinigte Bruttolohnquote ist von 71,6% im Jahre 1980 auf 65,5% im Jahre 1994 gesunken.[2] Unter der Oberfläche entpuppt sich die »Leistungsgesellschaft« also eher als »Profitgesellschaft«.

Die soziale Polarisierung wird zudem über die Sekundärverteilung vorangetrieben, indem die Steuerlasten vor allem den abhängig Beschäftigten auferlegt werden. 1993 wurden knapp 88 % der gesellschaftlichen Steuern und Abgaben als Abzug von den Bruttoeinkommen aus unselbständiger Arbeit finanziert. Die

Abgabenquote der abhängig Beschäftigten erhöhte sich bis 1994 auf 34,2%, während die Steuerbelastung der Unternehmens- und Vermögensbesitzer von 21,2% im Jahre 1980 auf ca. 13% 1994 sank.[3]

Die Preisentwicklung reduziert die Arbeitseinkommen des weiteren. So trat im Jahre 1993 bei Tariferhöhungen um 3,2 % ein Kaufkraftverlust von 0,6 % ein, und im Jahre 1994 blieb von den 2,2% Tariferhöhung real ein *Minus* von 0,7 %. Während die realen Nettogewinne von 1980 bis 1994 auf 180 % stiegen, blieben die Nettoreallöhne nahezu konstant.[4] Bezieht man in die Betrachtungen noch das Gefälle zwischen West- und Ostlöhnen, die gerade im Osten verbreitete untertarifliche Entlohnung und die um durchschnittlich etwa 1/3 niedrigeren Frauenlöhne mit ein, dann wird deutlich, daß von einer »leistungsgerechten« Verteilung keine Rede sein kann.

Als »persönliche Leistung« der Kapitaleigentümer wird vor allem der Einsatz ihres Kapitals gepriesen. Aber woher kommt das Kapital? Es ist kein Geheimnis, daß durch das Hin- und Herschaufeln des Geldes höchstens spekulative Gewinne entstehen, die einem anderen Geldbesitzer verlorengehen. Selbst die für den Normalbürger kaum noch zu übersehenden internationalen Finanzströme entwickeln sich nicht einfach aus Geldbewegungen, sondern entstammen letztendlich der Arbeit in den Bereichen der materiellen Produktion und der materiellen Dienstleistungen. Hier müßten also die Löhne am höchsten sein, was jedoch nicht zutrifft.

Im Bereich des produzierenden Gewerbes, dem Hauptbereich der materiellen Produktion der Bundesrepublik, wurde von den rd. sieben Millionen produktiv tätigen Arbeitern und Angestellten im Jahre 1990 ein Wertprodukt von 1.157,7 Mrd. DM geschaffen, das ist gegenüber 1986 eine Erhöhung um 35,7%. Obwohl diese Arbeiter und Angestellten damit eine große Leistung vollbracht hatten, ging ihr Anteil an der Bruttolohn- und -gehaltssumme aller Beschäftigten des Bereichs von 79% im Jahre 1986 auf 78,5% im Jahre 1990 zurück; bei einem Anteil der produktiv Tätigen an der Gesamtzahl der Beschäftigten von 83,3 %.[5] Die hier angeführten Trends haben sich in den Folgejahren fortgesetzt bzw. noch verstärkt. Der Zusammenhang von Lohn und Leistung läßt sich also auch hier nicht erkennen.

Spitzenmanager der Unternehmen sind durchaus nicht an Tarife gebunden und beziehen Gehälter »nach freier Vereinbarung«, abgesehen davon, daß sie oft noch in irgendeiner Form am Gewinn des Unternehmens beteiligt sind. »Welche Leistungsdifferenz den Einkommensabstand zwischen dem Vorstandsvorsitzenden von Daimler-Benz und einem in der Endmontage eines PKW beschäftigten Facharbeiters rechtfertigt, kann analytisch und funktional wohl kaum ermittelt werden.«[6]

Ein großer Teil der sehr hohen Einkommen in der Bundesrepublik sind außerdem Zinseinkommmen, also arbeitsloses Einkommen. Daran ist allerdings auch ein Teil der lohnabhängig Beschäftigten beteiligt. Um welche

Relationen es sich bei deren Besitz von Aktien und Wertpapieren aber handelt, zeigt das Beispiel des Unternehmens Bayer AG. Dort verfügten die 50 000 »Belegschaftsaktionäre« 1994 zusammen über »etwa vier (!) Prozent« des Aktienkapitals.[7]

Nicht die »Leistung« ist es also, welche die Grundlage des Arbeitseinkommens darstellt; und die wachsende soziale Differenzierung ist nicht etwa auf Leistungsunterschiede zurückzuführen. Es ist das Verhältnis des einzelnen zum Eigentum, seine Stellung im gesellschaftlichen Reproduktionsprozeß und sein Verhältnis zur ökonomischen und politischen Macht.

Natürlich wird hier nicht behauptet, daß es keine Anerkennung hervorragender Leistungen gibt oder geben sollte. Dafür gibt es Prämiensysteme, Prämienlohnformen und andere materielle und moralische Anerkennungsformen, die praktisch aber gleichzeitig meist als Stimulierungsmittel angewandt werden, um zu erreichen, daß sich die Arbeitskraft im Prozeß ihrer Verausgabung möglichst bis zum äußersten ausschöpft. Wieweit das »gerecht« und auch menschenwürdig ist, soll hier nicht erörtert werden. Diese außerordentlichen Arbeiten, die ich unter besonderen »Leistungen« verstehe und deren materielle Anerkennung ich auch allenthalben für legitim halte, gehören jedoch nicht zum Thema dieser Arbeit.

Hier geht es um die *Grundlage* der Verteilung der gesellschaftlich produzierten materiellen Güter unter den Bedingungen der *normalen Arbeitstätigkeit* in abhängigen Arbeitsverhältnissen, die ja – als Voraussetzung für das Zustandekommen des Arbeitsvertrages – sämtlich an die Erfüllung ganz konkret festgelegter Arbeitsaufgaben, also *an* eine bestimmte, in diesem Sinne *normale Leistung, gebunden* sind. Es geht also um die Frage, welches ökonomische Verhältnis die *Grundlage* für die Differenzierung des Lohnes bzw. des Gehalts der abhängig Beschäftigten ist; um die Grundlage des regelmäßigen, relativ konstanten Einkommens, mit welchem die Arbeitskraft zu reproduzieren ist.

Da der einzelne Arbeiter oder Angestellte sein Einkommen natürlich nicht in erster Linie mit dem Aufsichtsratsvorsitzenden oder dem Geschäftsführer des Konzerns, sondern mit seinem neben ihm arbeitenden Kollegen vergleicht, dessen reale Leistung er beurteilen kann und dessen Einkommen mit seinem eigenen vergleichbar ist, entsteht oberflächlich der Eindruck der »leistungsgerechten Entlohnung«, denn hier sind die Unterschiede im Einkommen nicht frappierend und meist sachlich begründet mit unterschiedlicher Qualifikation. Gerade darauf beziehen sich auch in erster Linie die in den *Tariftabellen* festgelegten Einkommensunterschiede. Das ist logisch und notwendig, weil jedes Unternehmen zwangsläufig dafür sorgen muß, daß für die Fortsetzung des Produktionsprozesses nicht irgendeine, sondern eine in ganz bestimmter Weise qualifizierte Arbeitskraft immer wieder reproduziert werden muß. Die Höhe des *Grundlohnes* oder des *Gehalts*, also des wesentlichen und über längere Zeit gleichbleibenden Arbeitseinkommens, beruht demnach in Wirklichkeit auf den Kosten für die Reproduktion der Arbeitskraft mit einer ganz bestimmten Qualifikation. Diese das Grundeinkommen der abhängig Beschäftigten bestimmenden Reproduktionskosten sind nichts anderes als der Geldausdruck für den Wert der Arbeitskraft.

Demgegenüber wird die offizielle, in der Ökonomie der Kapitalverwertung befangene Ideologie jedoch nicht müde, den »Leistungs«-Bezug der Löhne und Gehälter immer wieder zu betonen. Mit dem sogenannten »Drei-Säulen-Lohn« schlug z.B. der Präsident des Arbeitgeberverbandes, Murmann, ein festes Mindestentgelt, das unter den heutigen Tarifen liegt, vor und meint dazu: »Hinzu kommen ertragsabhängige Sonderzahlungen und eine individuelle Leistungszulage, über die das Unternehmen *je nach Arbeit des Beschäftigten* entscheidet. ... Solange die Welt existiert, sind Leistungen bewertet worden. Ich würde mir als Unternehmer ein solches Urteil durchaus anmaßen. Wenn ein Beschäftigter meint, ungerecht behandelt zu werden, kann ich ihm nur empfehlen, den Arbeitsplatz oder den Chef zu wechseln.«[8]

Deutlicher kann man es kaum ausdrücken: Die Leistungen, die für den Lohn *zu erbringen* sind, bestimmt der Unternehmer. Wenn der Arbeiter diese nicht schafft, kann er gehen. Die Grundlage des Lohnes aber ist eine andere, als die »Leistung«. »Solange die Welt existiert«, wird »leistungsgerechte Entlohnung« vorgetäuscht.

In dem Bestreben, die Arbeit bzw. Leistung als Grundlage des Lohnes darzustellen, oder auch in der Absicht, den Lohn tatsächlich nach der erbrachten Arbeitsleistung bemessen zu wollen, hat sich eine besondere Disziplin der Arbeitswissenschaften entwickelt: die Arbeitsbewertung.

3. Was kann die Arbeitsbewertung und was nicht?

In Bereichen, in denen noch überwiegend im Akkord bzw. nach Stücklohn gearbeitet wird, ist das Vorhaben der Arbeitsbewertung scheinbar völlig gerecht. Für eine bestimmte Anzahl produzierter Gegenstände in einer bestimmten Zeiteinheit oder ähnlicher konkreter Leistungsziele wird eine bestimmte Lohnsumme festgesetzt. Die Frage, wonach sich die Geldsumme denn bestimmt, welche für das konkrete Ziel festgesetzt wird, bleibt zunächst offen. Die industrielle Massenproduktion, in der mehr und mehr die Maschinen den Takt der Arbeit bestimmen, brachte jedoch für die traditionelle Arbeitsbewertung bedeutende Schwierigkeiten. Es ist sicher kein Zufall, daß gerade in den 70er Jahren, als angesichts der technischen und technologischen Entwicklung, der Veränderungen in der internationalen Arbeitsteilung usw. von einer »Umbruchsituation in der gesellschaftlichen Arbeit zu sprechen« war, in der arbeitswissenschaftlichen Literatur vermehrt kritische Stimmen zur Arbeitsbewertung auftraten.[9]

Was wird unter dem Begriff »Arbeitsbewertung« überhaupt verstanden? «Arbeitsbewertung ist ein Verfahren zur Beurteilung der Arbeitsschwierigkeit. Durch Arbeitsbewertung wollen wir die *Anforderungen bestimmen*, welche die Ausführung bestimmter Tätigkeiten an den Menschen bei Normalleistung stellt. Die Höhe dieser *Anforderungen* bei den in Wirtschaft und Verwaltung zu erledigenden Arbeitsaufgaben *bezeichnen wir als Arbeitswert.* Die Arbeitsbewertung bezweckt die Ermittlung dieses Arbeitswertes oder die Aufstellung einer Rangfolge der Arbeiten nach ihrer Schwierigkeit.« Jedoch: »Eine einheitliche Definition des Begriffes Arbeitsbewertung, basierend auf einer gemeinsamen wissenschaftlichen Methodik und von allen Autoren in ihren Abhandlungen gleichermaßen benutzt, existiert in der Arbeitsbewertung nicht.« [10]

Durch »Gewichtung« der Arbeitsanforderungen entsprechend einer konstruierten Rangordnung der verschiedenen Anforderungsarten mit unterschiedlichen »Wertigkeiten«, die wiederum auf »Einschätzung« des Grades der Belastung bzw. der Beanspruchung des Arbeiters beruhen, werden »Wertzahlen« ermittelt, deren Summe den »Arbeitswert« ergibt. Diese »Bewertung der Arbeit« hat zum Ziel, den Lohn zu differenzieren.[11]

Die subjektiven Wertungs- und Einflußfaktoren, aber auch die Zielsetzung der Arbeitsbewertung sind es vor allem, welche ihre Kritiker ansprechen. So kommt z.B. Laske zu dem Schluß, daß die Wahl der Gewichtungsfaktoren als ein »wertender Vorgang« bezeichnet werden muß, »dessen Ergebnis abhängig ist von subjektiven Wertvorstellungen, Überzeugungen und Absichten der Mitglieder der Arbeitsbewertungskommission.« Für ihn ist die Anwendung der Arbeitsbewertung »das Ergebnis eines *politischen Prozesses,* in dem versucht wird, das Verteilungsproblem vorübergehend zu lösen.«[12]

Auch im Zusammenhang mit der »Humanisierung der Arbeit« wurden Veränderungen der Lohnform und der Verfahren der »Leistungsmessung« notwendig. In einer Untersuchung der Experimente mit »teilautonomen Arbeitsgruppen« wird z.B. festgestellt: Erforderlich wurden »relativ flexible Lohnsysteme, die nicht in erster Linie auf die Quantität der Leistung zugeschnitten sind. Die zugleich erforderliche inhaltliche Ausweitung des Leistungsbegriffes muß neben objektivierbaren Größen wie Stückzahlen, Maschinenstillstandszeiten u.ä. auch rein subjektive Kategorien und damit auch nicht quantifizierbare Faktoren als Bewertungskriterien berücksichtigen, wie sie in den unterschiedlichsten Formen ... auftreten (z.B. als soziales Verhalten, Initiative, Planungsfähigkeit)«[13]

Zusammenfassend beziehen sich die Autoren auf Mendner und stellen fest, »daß ›analytische und synthetische Normwertvorgabe‹ und gruppenbezogene Leistungsentlohnung... die Anpassung der Arbeit an die betrieblichen Leistungsziele (erzwingen). Die ›Selbstbestimmung‹ über den eigenen Arbeitsprozeß verkehrt sich damit in ein wirksames Mittel zur Selbstdisziplinierung und Verinnerlichung kapitalistischer Leistungs- und Aufsichtsfunktionen zur Intensivierung der Arbeit.«[14] Mit der weiteren Tendenz der technologischen Entwicklung z.B. zur flexiblen Automatisierung, zur Computerisierung und der damit verbundenen Zunahme geistig-schöpferischer Arbeit werden die Schwierigkeiten der Arbeitsbewertung nicht nur immer größer, sondern machen die Realisierung ihres eigentlich vorgegebenen Anliegens, eine objektive Grundlage für eine »leistungsgerechte« Entlohnung zu sein, immer offensichtlicher unmöglich.

Gikas geht davon aus, daß die technologische Entwicklung (Automatisierung, Mechanisierung) zu einer Angleichung der Tätigkeiten der Arbeiter in der industriellen Produktion führt, wodurch »die individuellen Leistungsbeiträge der Arbeiter sich vereinheitlichen oder zumindest nicht klar voneinander abgrenzbar seien«.[15] Die Folgen von Investitionen in moderne Technik sind für die Qualifikationsanforderungen an die Arbeitskräfte aber durchaus widersprüchlich. Einerseits wird Arbeit vereinfacht, z.T. auf wenige Handgriffe reduziert, die Maschinen bestimmen den Rhythmus der Arbeit; andererseits aber wird vom einzelnen Arbeiter ein viel größeres Verständnis technischer u.a. Zusammenhänge verlangt, um seine Verantwortung für einen reibungslosen Verlauf des automatisierten oder teilautomatisierten Produktionsprozesses wahrnehmen zu können. Die geistig-schöpferische Arbeit entzieht sich jedoch vollends einer Messung und objektiven »Bewertung«. Neben der Vereinfachung der Arbeit wirkt also gleichzeitig die Tendenz ihrer wachsenden Kompliziertheit. Beide Tendenzen, die zusammen zu einer wachsenden Polarisierung innerhalb der arbeitenden Bevölkerung führen, sind von der Arbeitsbewertung immer weniger mit Leistungskriterien zu erfassen.

Die Bemühungen, diesen Schwierigkeiten der Bewertung der Arbeit oder der Leistung zu begegnen, führen schließlich wiederum zu normativen, *betriebswirtschaftlich* und ideologisch bestimmten Festsetzungen der zu erbringenden Leistungen.Durch Einbeziehung der Arbeitnehmer selbst und ihrer Vertreter im Betriebsrat und der Gewerkschaft in die Verfahrensweise der Arbeitsbewertung führt dies schließlich zur Methode der »Selbstdisziplinierung« und »Selbstinstrumentalisierung« der Betroffenen.[16] Zudem wird die Konkurrenz um die Lohnhöhe heute überlagert durch die Konkurrenz um einen attraktiven Arbeitsplatz, was es in der Arbeitsbewertung ermöglicht, die Latte für die Leistungssteigerung immer höher zu hängen.

Die Rolle der Arbeitsbewertung im kapitalistischen Unternehmen als Instrument der Gewinnmaximierung wird schließlich auch daran deutlich, daß der Lohn, für dessen Differenzierung die Arbeitsbewertung immer neue Bewertungskriterien erfinden muß, in jedem Unternehmen als *vorkalkulierte Gesamtlohnsumme von vornherein feststeht. Die* Lohnsumme ist mit der Rentabilität des Unternehmens untrennbar verbunden. Es geht faktisch um die Verteilung der kalkulierten Lohnsumme auf die einzelnen Arbeitsplätze entsprechend der dafür erforderlichen Qualifikation der Arbeitskräfte bei Beachtung der mit den Gewerkschaften ausgehandelten Tarife.

Die aufwendigen Bemühungen zur Differenzierung der individuellen Löhne nach »Leistungskriterien« machen sich für das Unternehmen jedoch bezahlt, weil alle Differenzierungsmethoden auf *Stimulierung* hoher Leistungen und damit letztendlich auf die Senkung des Wertes der Arbeitskraft ausgerichtet sind.[17] Um wieviel die Leistung – sprich Betriebsergebnis, Gewinn – gesteigert wird, ist also wesentlich davon abhängig, wie es durch die Arbeitsbewertung gelingt, einen hohen Einsatz der Arbeitskraft *im Rahmen des an normative Vorgaben gebundenen Tariflohnes* zu stimulieren. Wenn der Arbeiter die Erfüllung der vorgegebenen Arbeitsaufgabe nicht von vornherein garantiert, kommt der Arbeitsvertrag von seiten des kapitalistischen Unternehmens überhaupt nicht zustande.

Im allgemeinen läuft die Arbeitsbewertung also auf die Herausarbeitung der notwendigen Arbeitsanforderungen hinaus, was insofern reale Bedeutung hat, als der Lohn die Reproduktion einer zur Erfüllung der *konkreten Anforderungen fähigen* Arbeitskraft sichern muß. Diese notwendigen Kosten für die Reproduktion einer konkret bestimmten Arbeitskraft drücken sich in der Geldsumme aus, die nun für die erforderlichen Lebensmittel und Gebrauchsgüter *wirklich* notwendig und auch zu berechnen ist, und stellen schließlich die faktische Grundlage des Arbeitseinkommens dar. Damit wird jedoch in Wirklichkeit weder die Arbeit noch die Leistung »bewertet«, sondern allein die *Arbeitskraft.*

Die Herausarbeitung von Anforderungsarten und -gruppen sowie deren detaillierte Darstellung für jeden konkreten Arbeitsplatz weisen praktisch die für den Betrieb *erforderliche* Qualifikationsstruktur aus. Damit sind wichtige *Grundlagen für die Personalauswahl* geschaffen und werden dafür auch genutzt. Es werden die besonderen Fähigkeiten, Kenntnisse etc. für Arbeitskräfte fixiert, welche der Betrieb tatsächlich benötigt und die sich mittels des tariflich festgelegten (und vorher zwischen den Tarifpartnern entsprechend dem realen Kräfteverhältnis ausgehandelten) Lohnes auch immer wieder auf dem erforderlichen Niveau reproduzieren müssen.

Die Arbeitsbewertung hat also ihre reale Bedeutung, soweit sie die *Arbeitsanforderungen* konkret darstellt. Damit wird praktisch der konkrete Gebrauchswert der erforderlichen Arbeitskraft ermittelt. Dieser differenzierte Gebrauchswert der Arbeitskraft findet sein Äquivalent im Lohn. Damit vollzieht sich ein Austausch gleicher Werte. Gikas vermerkt deshalb völlig logisch: »In der Arbeitsbewertung, deren erklärtes Ziel die Lohndifferenzierung ist, wird also nicht die Arbeit bewertet, sondern die *individuelle Fähigkeit* des einzelnen Arbeiters, mit den vom Arbeitsplatz bedingten Arbeitsschwierigkeiten fertig zu werden.

Vom konkreten Arbeits*prozeß* her läßt sich eine Lohndifferenzierung nicht herleiten.«[18]

Das vorgebliche Ziel der »Leistungsbewertung« kann die Arbeitsbewertung in Wirklichkeit unmöglich erfüllen, da sie von einer *verkehrten* Widerspiegelung des realen Austauschverhältnisses zwischen Arbeitskraft und Lohn ausgeht, eine Verkehrung der Verhältnisse, die sich aus der Logik des Kapitals ergibt. Vom Standpunkt der Entwicklung der arbeitenden Menschen wäre es viel einfacher, durchschaubarer und rationeller, von vornherein von der bestmöglichen Erfassung des Wertes der Arbeitskraft bzw. ihrer Reproduktionskosten auszugehen, anstatt sich an irrealen »Leistungsmaßstäben« abzumühen.

Vergleicht man die realen Einkommen aller lohnabhängig Beschäftigten, so bestätigt sich, daß sich unter der Oberfläche der scheinbar »leistungsgerechten« Entlohnung tatsächlich der Austausch von Arbeitskraft und Lohn vollzieht. Das Durchschnittseinkommen der Beschäftigten entspricht mit ca. 4.200 DM den durchschnittlichen Reproduktionskosten der Arbeitskraft. Und innerhalb der tariflich gesicherten lohnabhängig Beschäftigten ist die Differenzierung der Löhne und Gehälter kaum größer, als sie für die Reproduktion der Arbeitskräfte unterschiedlicher Qualifikation etwa sein muß. Die Arbeitslöhne der Arbeiter z.B. im Baugewerbe weisen in den Tariftabellen zwischen der niedrigsten und der höchsten Lohngruppe eine Spanne von etwa 1 : 1,5 aus. Bei Angestellten beträgt diese Spanne etwa 1 (ca. 2000,- DM) : 3,3 (ca. 6600,- DM).[19]

Problematisch erscheint es mir, daß höhere Angestellte praktisch außerhalb der tariflichen Regelungen bleiben, wenn ihr Gehalt das des höchsten Tarifgehalts übersteigt oder wenn ihre Aufgabe die Anforderungen an die höchste tarifliche Beschäftigungsgruppe übersteigt. Solche Regelungen und die Tatsache, daß nicht nur jede Branche ihren eigenen Tarifvertrag hat, sondern es auch innerhalb der Branchen eine Vielzahl von Tarifverträgen bzw. tarifvertraglichen Regelungen gibt, macht das Tarifsystem für den einzelnen Arbeiter oder Angestellten völlig unüberschaubar. Insgesamt gab es z.B. im Jahr 1994 rund 43.000 (dreiundvierzigtausend!) gültige Tarifverträge bei steigender Tendenz. (s. Anlage 1) Diese für den einzelnen unübersehbare Situation macht eine demokratische Mitwirkung der arbeitenden Massen an der Verteilungspolitik insgesamt nahezu unmöglich und ist eine ideale Grundlage für die Verschleierung der wirklichen Zusammenhänge, die dem Austausch Arbeitskraft gegen Lohn zugrunde liegen.

4. Verteilung nach der Leistung und Werttheorie

Bereits bei der Erörterung der Arbeitsbewertung wurde sichtbar, daß der Begriff »Leistung« verschieden ausgelegt werden kann. Es lassen sich zwei Denkrichtungen unterscheiden:

Die *eine* Richtung versteht unter »Leistung« den spezifischen Kraftaufwand, aufgewandte Energie bzw. eine bestimmte *Menge verausgabter Arbeitskraft.*

Die *andere* Richtung ist am Arbeitsergebnis orientiert, an der Menge und der Qualität der erzeugten Produkte, an der Einhaltung vorgegebener Normen usw., oder auch am »pro Quantum eingesetzter lebendiger oder toter Arbeit ... erzielten Profit.«[20] Mitunter wird als Leistungskriterium auch die Arbeitszeit angesehen.

Zur ersten Richtung:

Die Auslegung des Begriffs Leistung als Verausgabung von Arbeitskraft führt nun zu der bereits oben aufgeworfenen Frage, wonach sich die Geldsumme für eine konkret erbrachte oder zu erbringende Leistung bestimmen soll, also zum *Maßstab* des »Wertes der Arbeit«. Soll sich dieser Wert ausdrücken in den geleisteten Arbeitsstunden? Der tatsächliche Kraftaufwand kann jedoch in einer Arbeitsstunde sehr verschieden sein. Außerdem ist die Arbeitszeit relativ einheitlich, der Lohn dagegen oft sehr unterschiedlich. Oder ist die Arbeit soundsoviel aufgewandte Arbeitskraft wert? Eine Tautologie! Marx schreibt dazu: »Die klassische politische Ökonomie entlehnte dem Alltagsleben ohne weitere Kritik die Kategorie 'Preis der Arbeit', um sich dann hinterher zu fragen, wie wird dieser Preis bestimmt? ... Wie bei den andren Waren wurde dieser Wert dann weiter durch die Produktionskosten bestimmt. Aber was sind die Produktionskosten – des Arbeiters, d.h. die Kosten, um den Arbeiter selbst zu produzieren oder zu reproduzieren? Diese Frage schob sich der politischen Ökonomie bewußtlos für die ursprüngliche unter, da sie mit den Produktionskosten der Arbeit als solcher sich im Kreise drehte und nicht vom Flecke kam. Was sie also Wert der Arbeit (value of labour) nennt, ist in der Tat der Wert der Arbeitskraft, die in der Persönlichkeit des Arbeiters existiert und von ihrer Funktion, der Arbeit, ebenso verschieden ist wie eine Maschine von ihren Operationen.«[21]

Marx hat sich sehr oft und gründlich mit diesem Problem auseinandergesetzt. »Was dem Geldbesitzer auf dem Warenmarkt direkt gegenübertritt, ist in der Tat nicht die Arbeit, sondern der Arbeiter. Was letzterer verkauft, ist seine Arbeitskraft. Sobald seine Arbeit wirklich beginnt, hat sie bereits aufgehört, ihm zu gehören, kann also nicht mehr von ihm verkauft werden. Die Arbeit ist die Substanz und das immanente Maß der Werte, aber sie selbst hat keinen Wert. Im Ausdruck: 'Wert der Arbeit' ist der Wertbegriff nicht nur völlig ausgelöscht, sondern in sein Gegenteil verkehrt. Es ist ein imaginärer Ausdruck, wie etwa Wert der Erde.«[22] Das Kriterium der Arbeit selbst kann also nicht als Grundlage für eine »Verteilung nach Leistung« dienen.

Zur zweiten Richtung:

Wie sieht es nun aus, wenn wir als »Leistung« das *Arbeitsergebnis* ansehen und den Lohn als Äquivalent für die erzielten Ergebnisse der Arbeit betrachten?

Die Meßbarkeit von Ergebnissen, Menge und Qualität der stofflichen Produkte, der Grad der Einhaltung vorgegebener Standards sowie auch das finanzielle Ergebnis, ist durchaus gegeben (Objekt-, Stücklohn usw.). Daß in den meisten Arbeits- und Wirtschaftsbereichen infolge des arbeitsteiligen Prozesses und der technologischen Entwicklung das Ergebnis immer weniger vom einzelnen Beschäftigten, teilweise nicht einmal vom eigenen Bereich bestimmt oder nur in begrenztem Umfang erfaßt und beeinflußt werden kann, wurde oben bereits erwähnt. In bestimmten Bereichen, wie z.B. in Forschung und Entwicklung, haben zudem die Arbeitsergebnisse oft erst in der Zukunft Bedeutung und können auch erst in der Zukunft real eingeschätzt werden. Die Beschäftigten auch in diesen Bereichen müssen jedoch in der Gegenwart regelmäßig entlohnt werden, um ihre Arbeitskraft erhalten zu können.

Aber auch soweit die Ergebnisse meßbar sind, stehen wir vor der gleichen Frage wie beim Arbeitsaufwand: Wie hoch ist der Lohn nun pro Stück Erzeugnis zu bewerten? Erzeugt beispielsweise ein Arbeiter an einer automatischen Maschine pro Stunde beispielsweise 120 gleiche Bauelemente im Wert von 1000 DM, so bekommt er für diese eine Stunde kaum über 100 DM, also nur einen Teil des produzierten Wertes, bezahlt. Ganz gleich, ob Stücklohn oder Zeitlohn; der Arbeiter kann niemals den vollen Neuwert des erzeugten Produkts als Lohn, sondern nur einen Teil davon erhalten. Die Frage, worauf sich sein Lohn bezieht, bleibt damit weiter offen. Dasselbe trifft zu, wenn die Steigerung der Produktivität oder der erzielte Profit als Arbeitsergebnis zugrunde gelegt werden sollte.

Es ist allgemein bekannt, daß nicht alles, was erarbeitet, also durch »Leistung« erbracht wurde, auch restlos verteilt werden kann. Erstens müssen die verbrauchten Produktionsmittel ersetzt werden, zweitens ist im Kapitalismus ein bestimmter Gewinn die Voraussetzung der Produktion, drittens sind die Unternehmer in ihrem eigenen und im gesellschaftlichen Interesse gezwungen, zu akkumulieren. Selbst wenn man einmal den besten Willen unterstellt, können sie den Mehrwert also nicht nach den individuellen »Leistungen« an diejenigen verteilen, die ihn geschaffen haben. Hinzu kommt, daß in jeder arbeitsteiligen Gesellschaft Aufwendungen zur Aufrechterhaltung der gesellschaftlichen Institutionen wie Verwaltung, Infrastruktur usw. sowie für die Erfüllung sozialer u.a. Aufgaben objektiv notwendig sind. Woher sollen diese Mittel kommen, wenn nicht von dem gesellschaftlich erzielten Arbeitsergebnis? Der Arbeiter (und Angestellte) muß also nicht nur für seine eigene Reproduktion und für die rentable Entwicklung des Unternehmens arbeiten, sondern auch für die gesamte Staatsmaschinerie, für andere notwendige gesellschaftliche Aufgaben wie schließlich auch für den nicht arbeitsfähigen Teil der Bevölkerung. Der Staat bewerkstelligt die notwendige Umverteilung, indem er einen Teil des geschaffenen Mehrwerts durch Steuern einzieht und diese Mittel mehr oder weniger sinnvoll und »gerecht« verteilt.

Wo liegt nun die an der Oberfläche unsichtbare Grenze zwischen dem, was der Arbeiter (oder Angestellte) von dem im Arbeitsprozeß erzielten Ergebnis als Lohn erhält (oder erhalten müßte), und dem, was dem Unternehmer oder dem Staat zukommt? Diese Grenze kann nicht beliebig festgelegt werden. Was dabei unbedingt gesichert werden muß, ist die *Möglichkeit der Wiederherstellung der im Arbeitsprozeß verausgabten Arbeitskraft,* damit sie auch in der nächsten Arbeitsperiode wieder mit den gleichen Gebrauchswerteigenschaften eingesetzt werden kann.

Wir können daher feststellen, daß die Meßbarkeit sowohl der Verausgabung von Arbeitskraft als auch des Arbeitsergebnisses für die Bestimmung der Lohnhöhe eine untergeordnete Frage ist und im wesentlichen auf die Frage nach der Höhe des *notwendigen Produkts* für die Gewährleistung der Reproduktion der individuellen Arbeitskraft und ihres Verhältnisses zum Mehrprodukt bzw. auf die Frage des Verhältnisses von Wert der Arbeitskraft zum Mehrwert hinausläuft. Das ist eine werttheoretische Frage, für die Karl Marx auch heute noch aktuell ist.

Die mystifizierte Auffassung, daß der Lohn für die geleistete Arbeit gezahlt werde, hat natürlich unter den Arbeitern und Arbeiterinnen tiefe Wurzeln und ist auch verständlich, weil einerseits die »Bewertungen« der Anstrengungen und Ergebnisse unter den gegebenen Bedingungen scheinbar und bis zu einem gewissen Grade auch real einen begrenzten Einfluß auf den Lohn nehmen. Andererseits *muß* die Höhe des als »leistungsgerecht« *empfundenen* Lohnes letztendlich objektiv den tatsächlichen Reproduktionskosten der Arbeitskraft wenigstens *annähernd* entsprechen, sonst kann weder von seiten des Unternehmers noch von seiten des Arbeiters der Arbeitsvertrag zustande kommen. Letzter Zusammenhang wird jedoch weniger bewußt wahrgenommen.

Die ökonomischen Beziehungen, welche die Austauschverhältnisse in einer warenproduzierenden Gesellschaft wirklich bestimmen, vollziehen sich unsichtbar, unter der Oberfläche. Erst im Nachhinein und oft erst nach längerem zeitlichen Abstand kann man feststellen, ob irgendeine Tauschhandlung bzw. ein Kauf oder Verkauf zu »reellen« Bedingungen vollzogen wurde oder ob man selbst dabei Gewinner oder Verlierer war. So ist es auch beim Lohn. Erst angesichts der riesigen Profite der Konzerne dämmert mitunter die Einsicht, daß man als Arbeiter bei der Verteilung des erzielten Ergebnisses nicht so »gerecht« behandelt worden ist, als es die »Arbeits-« oder »Leistungsbewertung« vorgegeben hatte. Die landläufige Vorstellung, daß der Arbeitslohn oder das Gehalt das Äquivalent für die individuell oder kollektiv geleistete Arbeit, für die »Leistung« sei, erweist sich als Illusion.

Karl Marx, der in seinem Hauptwerk die Rolle des Lohnes als Geldausdruck des Wertes der Arbeitskraft ausführlich behandelte, hat sich selbst von dieser Illusion nicht völlig freimachen können. Sein frühes Engagement für Gerechtigkeit und Freiheit nährte in ihm Vorstellungen über eine Gesellschaft, in der alle Fesseln der Warenproduktion, Privateigentum, Geld, Wert usw. überwunden sein würden, in welcher der Mensch seine Fähigkeiten und schöpferischen

Kräfte als Individuum frei entfalten könnte. Manch schöner Gedanke aus diesen früheren Arbeiten[23], der uns heute noch begeistert, hält jedoch einer Überprüfung anhand der Analyse im »Kapital« *nicht* stand, so auch die Vorstellung, bei gesellschaftlichem bzw. Gemeineigentum der Produktionsmittel sei mit dem Warencharakter der Arbeitskraft auch ihre Wertform und überhaupt die Warenproduktion überwunden. Allerdings verband Marx Hinweise auf eine zukünftige Produktionsweise meist mit solchen einschränkenden Bemerkungen wie etwa: »*Nur zur Parallele* mit der Warenproduktion setzen wir voraus, der Anteil jedes Produzenten an den Lebensmitteln sei bestimmt durch seine Arbeitszeit« u.ä.[24]

Die einzigen etwas konkreteren Aussagen zu einer »aus der kapitalistischen Gesellschaft hervorgegangenen« »ersten Phase der kommunistischen Gesellschaft« machte Marx in seiner Arbeit »Kritik des Gothaer Programms«. Hier schrieb er: »Innerhalb der genossenschaftlichen, auf Gemeingut an den Produktionsmitteln gegründeten Gesellschaft tauschen die Produzenten ihre Produkte nicht aus; ebensowenig erscheint hier die auf Produkte verwandte Arbeit als *Wert* dieser Produkte ...« Er sieht in einer solchen Gesellschaft die »Gleichheit... darin, daß an gleichem Maßstab, der Arbeit, gemessen wird«.[25] – Ein offensichtlicher Widerspruch zu seiner im »Kapital« akribisch herausgearbeiteten Werttheorie und der dort gezogenen Schlußfolgerung, daß »nach Aufhebung der kapitalistischen Produktionsweise, aber mit Beibehaltung gesellschaftlicher Produktion, die *Wertbestimmung vorherrschend* in dem Sinn (bleibt), daß die Regelung der Arbeitszeit und die Verteilung der gesellschaftlichen Arbeit unter die verschiedenen Produktionsgruppen, endlich die Buchführung hierüber, wesentlicher denn je wird«.[26] In der »Kritik des Gothaer Programms« unterlag also der »alte« Marx trotz seiner im »Kapital« entwickelten tiefen Einsicht in die Realität noch immer seiner illusionären Vorstellung. Als Engels sich 16 Jahre nach dem Gothaer Parteitag dazu entschließt, die Programmkritik von Marx zu veröffentlichen, erklärt er im Vorwort die besonderen Umstände, die zu der »stellenweise heftige(n) Sprache« geführt hatten, und warum der Programmentwurf Marx und Engels »heftig erregte«.[27]

Lenin übernahm in seiner Arbeit »Staat und Revolution« die von Marx in der »Kritik des Gothaer Programms« geäußerten Gedanken, wonach die Verteilung in der »ersten Phase der kommunistischen Gesellschaft...nach der Arbeitsleistung« erfolgen müsse.[28] Er stellte die Forderung an den Staat, »die Gleichheit der Arbeitsleistung und die Gleichheit bei der Verteilung der Produkte zu schützen«.[29] Wie diese Forderung konkret verwirklicht werden sollte, wurde in dieser Arbeit nicht näher begründet.

Daß dann im »Realsozialismus« einerseits die Bedeutung der Marxschen Werttheorie für eine nichtkapitalistische Produktionsweise kaum anerkannt, geschweige denn ihre Erkenntnisse genutzt wurden, andererseits die »Kritik des Gothaer Programms« und Lenins »Staat und Revolution« fast »heilig« gesprochen wurden, kann man nicht Marx und Lenin anlasten. Doch sind m.E. wir Heutigen dazu verpflichtet, zwischen dem Gewicht der in Erregung niedergeschriebenen »Kritik des Gothaer Programms« und der tiefgründigen Analyse des gesamten kapitalistischen Reproduktionsprozesses im »Kapital« zu unterscheiden sowie Lenins Schrift an der im »Kapital« entwickelten Werttheorie zu messen.

Nur indem man die qualitativ unterschiedliche konkrete Arbeit auf ihr quantitatives Maß, nämlich auf ihre einheitliche, gleiche Substanz, auf *abstrakte* Arbeit, zurückführt, kann die unterschiedlichste Arbeit miteinander gleichgesetzt und verglichen werden. Nur *in diesem Sinne* würde Marx' Hinweis in der »Kritik des Gothaer Programms«, daß am »gleichen Maßstab, der Arbeit, gemessen wird«, erst Gültigkeit erhalten. Es ist also vor allem das werttheoretische Problem der *abstrakten Arbeit*, das *nicht zu Ende gedacht* wurde.

Aus den Marxschen Hinweisen in der »Kritik des Gothaer Programms« wurde in der Arbeiterbewegung das Prinzip »Jeder nach seinen Fähigkeiten, jedem nach seiner Leistung« entwickelt und so populär, daß es im »Realsozialismus« von vornherein als Verteilungsprinzip auf die Fahnen geschrieben, wenn auch in der politischen Praxis vorwiegend in seiner verkürzten Form als »Leistungsprinzip« behandelt wurde. Da jedoch die Arbeit (Leistung) nicht als abstrakte Arbeit verstanden und deren Austausch der Verteilung nicht zugrunde gelegt wurde, blieb dieses Prinzip tatsächlich Schall und Rauch.

Für die »höhere Phase der kommunistischen Gesellschaft« sah Marx das Verteilungsprinzip: »Jeder nach seinen Fähigkeiten, jedem nach seinen Bedürfnissen« voraus. Ein solches Prinzip geht allerdings davon aus, daß ein Äquivalentenaustausch nicht mehr notwendig ist, und setzt damit die Überwindung der Warenproduktion voraus. Die darin involvierten Voraussetzungen hat Marx genannt: die Überwindung der »knechtenden Unterordnung der Individuen unter die Teilung der Arbeit, damit auch des Gegensatzes geistiger und körperlicher Arbeit«; die Entwicklung der Arbeit zum »ersten Lebensbedürfnis«; die »allseitige Entwicklung der Individuen« und »ihrer Produktivkräfte«, wodurch »alle Springquellen des genossenschaftlichen Reichtums voller fließen«.[30] Diese von Marx skizzierte Zukunftsgesellschaft ist eine Möglichkeit, ein Ideal, für das schon viele Menschen in den Tod gegangen sind und das die menschlichen Kräfte immer wieder anspornt und herausfordert. Ob aber und wann dieses Ziel erreicht wird, kann heute nicht vorausgesehen werden. Wir werden wohl noch für lange Zeit – nicht zuletzt aus ökologischen Gründen – mit den Ressourcen und mit der Zeit *ökonomisch* umgehen müssen, was die Reduktion jeder Arbeit auf ihre gesellschaftliche Notwendigkeit, Äquivalentenaustausch, Wertgesetz und damit Warenproduktion zwangsläufig bedingt. Je früher wir uns von illusionären Vorstellungen, wie z.B. vom »Leistungsprinzip« befreien, um so besser für die bewußte Gestaltung der eigenen Verhältnisse.

5. Einige Erfahrungen aus der DDR

Die ehemalige DDR (wie natürlich auch die anderen ehemals »sozialistischen« Länder – ich konzentriere mich hier jedoch auf die deutschen Verhältnisse) wollte in der Produktivität aufholen und auch den Wohlstand der westlichen Industrienationen erreichen. Also mußte mehr geleistet werden! Besonders in den 70er Jahren wurde deshalb offiziell verkündet: »Jawohl, auch die DDR ist eine »Leistungsgesellschaft.« Das »Leistungsprinzip« sollte nun immer konsequenter angewandt werden – eine Forderung, die in kaum einer längeren Rede Honekkers fehlte. Den westlichen Lebensstandard wie ein Banner vor Augen, lief die DDR – unter Führung des Politbüros – hinterher und – blieb immer mehr zurück. Das »Leistungsprinzip« entpuppte sich dabei als eine leere Deklaration.

Bei der »Arbeitsbewertung« wurden ähnliche Methoden entwickelt wie in den westlichen Ländern, und man stieß dabei auch auf die gleichen Schwierigkeiten wie die oben geschilderten. Bekanntlich war in der DDR nach offizieller Lesart die Erfüllung der vorgegebenen Arbeitsnormen das Leistungskriterium Nummer eins. Soziologische Untersuchungen ergaben jedoch, daß das angewandte Normensystem von allen untersuchten Faktoren den geringsten Einfluß auf die Größe der individuellen Arbeitsleistung hatte. Zur Messung besonders geistig-schöpferischer Arbeit wurden in verschiedenen Betrieben Systeme zur »Bewertung der Arbeitsleistungen« mittels Punktsystemen und anderer Verfahren entwickelt und in der Fachpresse popularisiert. Sie beruhten letztlich auf der *Einschätzung* des Leistungsverhaltens und Leistungsvermögens des einzelnen Mitarbeiters durch den Leiter des jeweiligen Arbeitsbereichs, was dem Subjektivismus Tür und Tor öffnete. Diese z.T. mit erheblichem Aufwand eine Zeitlang angewandten »Leistungsbewertungssysteme« gingen alle bereits lange vor dem Ende der DDR an ihrer Bedeutungslosigkeit zugrunde.

Die Praxis der Verteilungs*verhältnisse der DDR* beweist geradezu anschaulich, daß die Versuche, sie ernsthaft nach dem Prinzip der »Leistungsbewertung« zu gestalten, zum Scheitern verurteilt sind. Mit vollem Recht schreibt deshalb Rudolf Bahro schon 1978: »Alles in allem genommen aber sind in der gesamten Industrie das Leistungsprinzip als Stimulus für besondere Anstrengungen zum allgemeinen Nutzen, die Wettbewerbs- und Aktivistenbewegung gescheitert. Man konkurriert nicht gegeneinander... Man verdirbt einander nicht die Norm. Man verteilt die Prämien.«[31]

Ein wesentlicher Unterschied in der Verteilungspolitik zwischen BRD und DDR resultierte zweifellos aus der unterschiedlichen Rolle der Tariflöhne. Während in der Bundesrepublik – zumindest bis in die letzten Jahre – eine fast ununterbrochene Dynamik der Tarife durch den Kampf der Gewerkschaften gesichert und damit wohl der entscheidende Anreiz zum vollen Einsatz der Arbeitskraft in den kapitalistischen Betrieben gegeben war, fehlte dieser Stimulus in der DDR seit Jahrzehnten völlig. Die Entwicklung von Wissenschaft und Technik, das Bemühen um Steigerung der Arbeitsproduktivität zwang dazu, die Qualifikation der Arbeitskräfte und damit die Reproduktionskosten der Arbeitskraft zu erhöhen; die Tariflöhne jedoch bewegten sich nicht. Um die qualifizierten Arbeitskräfte dort zu halten, wo sie gebraucht wurden, erhöhten die Betriebe mittels verschiedenster Zuschläge und Prämienlohnformen laufend die Löhne und Gehälter, ohne daß die in den 50er Jahren einmal festgeschriebenen Tarife verändert wurden. Eine starre Wirtschaftspolitik verhinderte dies. Die Gewerkschaft fühlte sich an die Politik der SED-Führung gebunden, statt energisch die Interessen der Arbeiter zu vertreten.

So vollzog sich die reale Lohnentwicklung viele Jahre lang ausschließlich über die sogenannten »Mehrlöhne«. Das war der Teil des Lohnes, der aus den an Kennziffern gebundenen sogenannten »leistungsabhängigen« Zuschlägen, Prämien u.ä. bestand. Dadurch sank der Anteil des Tariflohnes am Gesamtlohn immer weiter ab. Der materielle Anreiz zur Qualifizierung, zur Arbeit mit neuer, moderner Technik und nach hohen Arbeitsnormen und Kennziffern ging trotz der im einzelnen stimulierenden Maßnahmen insgesamt zurück.

Im Zusammenhang mit dem in den 60er Jahren entwickelten »Neuen Ökonomischen System der Planung und Leitung der Volkswirtschaft« (NÖS) hatten Arbeitswissenschaftler der DDR Anfang der 70er Jahre einige theoretische Grundlagen für eine neue Tarifgestaltung geschaffen.[32] Diese orientierten sich wie das NÖS überhaupt an der Marxschen Werttheorie. Sie gingen aus von der »sozialistischen Warenproduktion« als »Warenproduktion völlig neuen Inhalts«, als »planmäßig organisierte Warenproduktion«,[33] unterschieden zwischen Arbeits- und Wertbildungsprozeß und sprachen vom »Maß der Arbeit« im Sinne der abstrakten Arbeit.[34] Von dem Wust an ideologischen und apologetischen Aussagen abgesehen, beruhten diese Arbeiten im wesentlichen auf der Erkenntnis, daß die Reproduktionskosten der Arbeitskraft Grundlage des Lohnes sind.

Das Mißverhältnis zwischen Tarif- und Effektivlöhnen wurde Anfang der 70er Jahre ganz offensichtlich. Deshalb ergriff die Gewerkschaft – sicher im Einverständnis mit Ulbricht, der die Positionen des NÖS vertrat – die Initiative und drängte auf die Erarbeitung eines den neuen Bedingungen entsprechenden Tarifsystems. Die gesamte Vorbereitung des 8. FDGB-Kongresses im Jahre 1972 lief in die Richtung, »daß künftig eine zielstrebige Tarifpolitik wieder das Kernstück der Lohnpolitik darstellen muß«. So hieß es noch im Hauptreferat des FDGB-Vorsitzenden auf dem Kongreß.[35] Vor dem Hintergrund der zwischenzeitlich erfolgten Ablösung Ulbrichts durch Honnecker wies der dann vom Kongreß tatsächlich verabschiedete Beschluß aber in eine ganz andere Richtung. Er orientierte im Gegensatz zum Referat auf eine sogenannte »schrittweise« Lohnerhöhung, die keine theoretische Grundlage mehr hatte.

Es ist symptomatisch für die unwissenschaftliche Politik des Honeckerschen Politbüros, daß entgegen den Erkenntnissen von Ökonomen und Arbeitswissenschaftlern und den Forderungen der Gewerkschaft die bereits fortgeschrittene Arbeit an dem neuen Tarifprojekt gestoppt und schließlich eingestellt wurde, da es angeblich »zu teuer« würde; eine Fehlentscheidung, die am Untergang der DDR mit ihren Anteil hat. Deprimierend für die arbeitenden Menschen war auch die kampflose Unterordnung der Gewerkschaft unter die Partei, die damit als politische Kraft weiter an Ansehen verlor.

Die in der Folge praktizierte pragmatische Lohnpolitik vollzog sich unter Anwendung immer neuer Lohnformen (»produktivitätsfördernde Lohngestaltung«, »erhöhte Grundlöhne« usw.) partiell und in hohem Maße sporadisch. Lohnerhöhungen erfolgten vor allem, wenn die Unzufriedenheit bestimmter Gruppen von Arbeitern dazu zwang, weiter über »leistungsabhängige« Bestandteile. Diese insgesamt uneinheitliche Lohnentwicklung machten die Einkommensverhältnisse immer unübersichtlicher und für den einzelnen oft nicht nachvollziehbar. Bei den relativ geringen Differenzierungsspannen erwies sich die stimulierende Wirkung der einzelnen Maßnahmen als sehr beschränkt. Der Tariflohn konnte seine soziale Funktion, die Reproduktion der Arbeitskraft zu sichern, längst nicht mehr erfüllen. Diese vollzog sich einerseits durch Zuschläge und z.T. unbegründete Prämien oder Prämienlohnformen selbst für den *normalen* Arbeitseinsatz, andererseits durch Preissubventionen, die nicht als persönliche Anerkennung der Arbeit, richtiger: der speziell qualifizierten Arbeitskraft, empfunden werden konnten (»zweite Lohntüte«). Auch die unentwegten Appelle von Honecker und Genossen zur »konsequenten Anwendung des Leistungsprinzips« änderten nichts daran, daß die Arbeitsmotivation immer mehr beeinträchtigt wurde. Zunehmend suchten viele Arbeiter durch »Nebenbeschäftigungen« oder »Feierabendarbeit« die Reproduktion ihrer Arbeitskraft besser zu sichern.

Die im Gefolge der starren Politik auch immer größer werdende Sterilität der ökonomischen Wissenschaft zeigte sich darin, daß erst im August 1989 (!), als das Haus des Staatssozialismus bereits in allen Fugen krachte, in der theoretischen Zeitschrift der SED, »Einheit«, das Thema »Leistung und Leistungsprinzip« erörtertwurde. Dabei wurde aber nicht etwa die Frage aufgeworfen, ob das Prinzip richtig sei, sondern *wie* dieses Prinzip so durchgesetzt werden könne, daß sich die »Motivation für hohe Leistungen« wesentlich erhöht. Immerhin wurden die Schwierigkeiten der »Bewertung der Ergebnisse vor allem kreativer Tätigkeiten« nach »objektiven Maßstäben« erwähnt, dabei »uferloser Subjektivismus« kritisiert und festgestellt, daß die »exakt meßbare individuelle Leistung immer mehr zur Ausnahmeerscheinung« wird. Die Schlußfolgerung daraus war allerdings: mehr »Konsequenz in der Leistungsbewertung«![36] Besser konnte man m.E. die Sackgasse, in welche die Wirtschaftswissenschaft in der Frage auch der Verteilungspolitik geraten war, kaum dokumentieren!

Wie tief die Illusion vom Leistungsprinzip sitzt, beweist, daß selbst Harry Nick – damals Autor eines kritischen Artikels in der erwähnten Diskussion in der »Einheit« – ihr offenbar heute noch anhängt. Im Zusammenhang mit der notwendigen Veränderung der Lebensweise hält er »die Abkopplung zwischen dem Maß individuellen Verbrauchs vom Maß individueller Leistung« für »wahrscheinlich«,[37] als ob sie jemals miteinander »gekoppelt« gewesen wären!

Das Fehlen eines einheitlichen, dynamischen und von jedem einzelnen überschaubaren Tarifsystems, das die Reproduktionskosten der Arbeitskraft widerspiegelt und damit eine *höchstmögliche*, dabei natürlich immer noch relative Gerechtigkeit der Verteilung sichert, halte ich für eine der Ursachen, die zur politischen Destabilisierung der DDR in den achtziger Jahren führten. Man kann sagen, daß die in den letzten 10 bis 15 Jahren der DDR vorwiegend betriebene, vorgeblich »produktivitätsfördernde« Lohnpolitik sich als verfehlt erwiesen hat – eine Warnung an jene Politiker der Bundesrepublik, die gerade darauf orientieren, die Löhne stärker »an die Produktivität« zu binden.

Dieser dilettantischen Einkommenspolitik im »Realsozialismus« war der bisher geführte demokratische Kampf der Gewerkschaften in der BRD um Tarife, mit denen die Reproduktion der Arbeitskraft abgesichert wird, bei weitem überlegen. Angesichts der gegenwärtigen Angriffe der Unternehmerverbände und der Regierungskoalition auf die sozialstaatlichen und gewerkschaftlichen Errungenschaften wird jedoch deutlich, daß diese Überlegenheit wohl doch mehr der Herausforderung durch das »sozialistische System«, als der inneren Potenz des kapitalistischen Systems geschuldet war.

Abschließend kann festgestellt werden, daß weder im sozialistischen Versuch, noch in der kapitalistischen Realität der Lohn auf der »Leistung« beruhen kann bzw. konnte. Immer ist es die Arbeitskraft, die gegen Lohn (oder Gehalt) *ausgetauscht* wird. Ihr ökonomischer Wert ist letztendlich die reale, allerdings unter »dinglicher Hülle verborgene« Grundlage der Verteilung.

Drittes Kapitel
Der Wert der Arbeitskraft in seiner historischen Entwicklung

1. Substanz des Wertes und Wertgröße

Der Wert ist nach Marx bekanntlich der gesellschaftlich notwendige Arbeitsaufwand zur Produktion bzw. Reproduktion eines bestimmten Produkts (einer Ware oder einer Arbeitskraft), gemessen an der Arbeitszeit; ein Verhältnis, das sich erst im Austausch realisiert. Dabei wird die Arbeit auf ihre einheitliche Substanz reduziert. Es handelt sich also bei der wertbildenden Arbeit um abstrakte Arbeit, d.h. um »gleiche menschliche Arbeit, abstrakt menschliche Arbeit«, um »bloße Gallerte unterschiedsloser menschlicher Arbeit, d.h. der Verausgabung menschlicher Arbeitskraft ohne Rücksicht auf die Form ihrer Verausgabung... Als Kristalle dieser ihnen gemeinschaftlichen gesellschaftlichen Substanz sind sie Werte...«[1]

Marx verwandte zur Bezeichnung der abstrakten Arbeit verschiedene Begriffe, so z.B. auch: »Verausgabung menschlicher Arbeitskraft im physiologischen Sinn...«[2] bzw. »produktive Verausgabung von menschlichem Hirn, Muskel, Nerv, Hand usw.«,[3] »vergegenständlichte gesellschaftliche Durchschnittsarbeit«[4] oder auch »gleichförmige, unterschiedslose, einfache Arbeit«.[5] Die im Warenwert vergegenständlichte Arbeit »ist die Reduktion aller wirklichen Arbeiten auf den ihnen *gemeinsamen Charakter* menschlicher Arbeit, auf die Verausgabung menschlicher Arbeitskraft«[6].

Der Wert kann sich nur bilden, indem alle in dem betreffenden Produkt steckende stoffliche, ganz unterschiedliche konkrete Arbeit auf diese qualitativ gleiche, abstrakte, von jeder Form abstrahierte Arbeit zurückgeführt wird. Abstrakte Arbeit ist also eine Qualität von Arbeit, die als solche real gar nicht existiert.[7] Sie ist eine gedankliche Abstraktion, die allerdings ein reales Verhältnis *widerspiegelt*, nämlich das Verhältnis der Gleichheit aller real existierenden konkreten Arbeit als menschliche Arbeit schlechthin. In dieser qualitativen Bestimmtheit ist sie die Substanz des Wertes.

Seiner Quantität nach bestimmt sich der Wert an der *Menge* der gesellschaftlich notwendigen (abstrakten) Arbeit. »In der Wertbestimmung handelt es sich um die gesellschaftliche Arbeitszeit überhaupt, das Quantum Arbeit, worüber die Gesellschaft überhaupt zu verfügen hat und dessen relative Absorption durch die verschiedenen Produkte gewissermaßen deren respektives gesellschaftliches Gewicht bestimmt.«[8] Die abstrakte Arbeit als Substanz des Wertes hat ihr quantitatives Maß also in der gesellschaftlich notwendigen Arbeitszeit, welche die Wert*größe* bestimmt.

Abstrakte Arbeit ist demnach nicht anders aufzufassen als menschliche Arbeit überhaupt, Arbeit im physiologischen Sinn, ohne jede besondere Form. Darin, daß sie eine *Abstraktion von jeder Form* der menschlichen Arbeit ist, besteht ihre einzige Qualität. Nicht als »Schöpferin der Wertsubstanz«[9] sehe ich die abstrakte Arbeit an, sondern als diese Wertsubstanz selbst, die konkret nur *in Erscheinung* tritt als *einfache* gesellschaftliche Durchschnittsarbeit und die mit ihrer Menge, welche die Wertgröße bestimmt, nicht identifiziert werden darf.

Robert Katzenstein schreibt zum Wertbegriff: »Vielleicht ist es mißverständlich, von der gesellschaftlich notwendigen Arbeit als der Substanz des Wertes zu sprechen, weil sich mit dem Begriff Substanz eine wesentliche materielle Eigenschaft eines Gegenstandes verbindet; die gesellschaftlich notwendige Arbeit ist gewissermaßen die Substanz des Tauschverhältnisses, die sich hinter dem Wert verbirgt. Sie erscheint im Wert der Waren als Eigenschaft des Erzeugnisses, obwohl sie nur die Basis bildet, auf der die Produzenten ihre respektiven Arbeiten gegeneinander austauschen...«[10]

Meines Erachtens wird jedoch der Sachverhalt klarer, wenn wir zwischen der Substanz des Wertes, der abstrakten Arbeit, als der qualitativen Seite der wertbildenden Arbeit – nämlich ihrer gleichen formlosen Abstraktheit – und ihrem quantitativen Verhältnis, einer bestimmten Menge dieser Arbeit, welche die Wertgröße bestimmt, unterscheiden. Die abstrakte Arbeit als Substanz des Wertes ist nach meiner Auffassung keine »wesentliche materielle Eigenschaft«, *widerspiegelt* jedoch »eine wesentliche materielle Eigenschaft« jedes Produkts, denn es ist durch menschliche, gesellschaftliche Arbeit überhaupt entstanden. Die Kategorie des gesellschaftlich notwendigen Arbeitsaufwands bringt nun von vornherein ein quantitatives Verhältnis zum Ausdruck, welches auf die Wert*größe* orientiert. Dieses gesamte Wertverhältnis ist hinter den auf dem Markt zwecks Austausch erscheinenden Waren verborgen (nicht die »Substanz hinter dem Wert«).

Da sowohl die Substanz des Wertes als auch die seine Größe bestimmende Menge an Arbeit Abstraktionen sind, kann auch das reale Wertverhältnis nur rational, aber nicht sinnlich erfaßt werden. Es ist ein »ideeller Durchschnitt«,[11] der sich immer erst im Austauschprozeß realisiert und daher nicht vorher willkürlich bestimmt werden kann. Marx schreibt nun: »Diese Abstraktion der allgemein menschlichen Arbeit *existiert* in der Durchschnittsarbeit, die jedes Durchschnittsindividuum einer gegebenen Gesellschaft verrichten kann.«[12] Hier hat er aber der einfachen Arbeit bereits eine konkrete Gestalt gegeben, nämlich die der unqualifizierten Arbeit. Damit gerät man jedoch in einen Widerspruch, denn unqualifizierte Arbeit wie auch qualifizierte Arbeit sind Ausdrücke konkreter Arbeit, die den Gebrauchswert der Waren bildet. Bei abstrakter Arbeit haben wir es jedoch mit wertbildender Arbeit zu tun, bei der nach Marx komplizierte Arbeit als multiplizierte einfache Arbeit gilt.

Heinrich schreibt dazu: »Marx identifiziert hier zwei gänzlich verschiedene Abstraktionen miteinander: einerseits die im immer weiter mechanisierten Produktionsprozeß stattfindende reale Abstraktion von den besonderen Qualifikationen der Arbeitskräfte, die Ersetzung von qualifizierter durch einfache Arbeit (d.h. die Entwicklung des historischen Niveaus der einfachen Durchschnittsarbeit – I.D.) und andererseits die begriffliche Abstraktion ›abstrakte Arbeit‹, die als solche nirgendwo existiert.«[13] Marx hat offenbar den Begriff der einfachen Arbeit in zweideutigem Sinne verwandt, einmal als Bezugsgröße für die abstrakte, ein andermal als Basis für die konkrete Arbeit.

Nach meiner Auffassung kann einfache oder gesellschaftliche Durchschnittsarbeit im Sinne von unqualifizierter, gebrauchswertbildender Arbeit nur als *konkrete Erscheinungsform* der abstrakten, wertbildenden Arbeit auf der elementaren (einfachen) Stufe verstanden werden, so wie qualifzierte Arbeit als gebrauchswertbildende Arbeit nur die konkrete Erscheinungsform der komplizierten Arbeit, also der wertbildenden Arbeit auf einer höheren Stufe, sein kann. Auf diesen Zusammenhang komme ich im nächsten Kapitel nochmals zurück, wenn es um die einfache Arbeit als Bezugsbasis der Reproduktionskosten geht. (s. Viertes Kap., Abs. 7)

Der Wert ist ein gesellschaftliches Verhältnis, das sich im Prozeß der vielfältigen einzelnen Austauschhandlungen der Menschen, von denen jeder einzelne nur nach seinem individuellen Interesse und Bedürfnis handelt, hinter deren Rücken zwangsläufig ergibt. »In der Tat befestigt sich der Wertcharakter der Arbeitsprodukte erst durch ihre Betätigung als Wertgrößen. Die letzteren wechseln beständig, unabhängig vom Willen, Vorwissen und Tun der Austauschenden..., weil sich in den zufälligen und stets schwankenden Austauschverhältnissen ihrer Produkte die zu deren Produktion gesellschaftlich notwendige Arbeitszeit als regelndes Naturgesetz gewaltsam durchsetzt, wie etwa das Gesetz der Schwere, wenn einem das Haus über dem Kopf zusammenpurzelt. Die Bestimmung der Wertgröße durch die Arbeitszeit ist daher ein unter den erscheinenden Bewegungen der relativen Warenwerte verstecktes Geheimnis. Seine Entdeckung hebt den Schein der bloß zufälligen Bestimmung der Wertgrößen der Arbeitsprodukte auf, aber keineswegs ihre sachliche Form.«[14]

Daß der Wert ein gesellschaftliches Verhältnis ist, das sich unter der Oberfläche des gesellschaftlichen Reproduktionsprozesses, als Resultat der Austauschbeziehungen, durchsetzt und den Blicken der Austauschenden verborgen bleibt; daß der Wert also nicht am konkreten Gegenstand gezeigt oder gesehen werden kann, sondern seine Wahrnehmung eine gedankliche Abstraktion erfordert, darf nicht zu dem falschen Schluß führen, daß es sich nicht um ein reales Verhältnis handeln würde. Dieses Verhältnis ist eben gerade so real, daß seine Nichtbeachtung zu großen gesellschaftlichen Verlusten führt, was uns der wie ein Kartenhaus zusammengestürzte »Realsozialismus« kürzlich erst praktisch vorgeführt hat.

2. Die Allgemeingültigkeit der Marxschen Erkenntnis vom Doppelcharakter der Arbeit

Der Wert existiert nun nicht ohne den Gebrauchswert, welcher den qualitativen Unterschied der einzelnen Produkte ausdrückt. Der Gebrauchswert resultiert aus der im Produkt enthaltenen konkreten, unterschiedlichen, stofflichen Arbeit, wie sie real geleistet wurde. Konkrete, nützliche, und abstrakte, allgemeinmenschliche, Arbeit sind zwei Seiten des einheitlichen Produktionsprozesses.

Marx bezeichnete »diese zwieschlächtige Natur der in der Ware enthaltenen Arbeit« als den »Doppelcharakter der Arbeit« und nicht ohne Grund als den »Springpunkt«..., »um den sich das Verständnis der politischen Ökonomie dreht«.[15] Daß Marx den Doppelcharakter der Arbeit ausdrücklich auf die *»in den Waren* dargestellte Arbeit« bezog, ergibt sich nicht nur aus seinem erklärten Anliegen, den Kapitalismus als eine besonders entwickelte Form der Warenzirkulation zu analysieren. Er konnte diesen Doppelcharakter auch nur im Zuge der Analyse der Ware entdecken, weil konkrete und abstrakte Arbeit erst im Austausch der Produkte ihre Bedeutung erhalten und eben nur im Warenaustausch erkennbar werden.

Betrachtet man jedoch irgendein Produkt menschlicher Arbeit einmal losgelöst vom Warenaustausch, so muß man ebenfalls feststellen, daß darin jeweils ganz konkrete, besondere, stoffliche Arbeit enthalten ist, welche gleichzeitig, allgemein betrachtet, menschliche Arbeit schlechthin, also abstrakte Arbeit darstellt. Diese abstrakte Seite der Arbeit hat jedoch keinerlei Bedeutung für Produkte, die nicht ausgetauscht werden. Ich bin deshalb der Meinung, daß die in *jedem Produkt* vergegenständlichte Arbeit diesen Doppelcharakter besitzt. Diese Widersprüchlichkeit der Arbeit, konkrete und abstrakte Arbeit zugleich zu sein, macht den Austausch der Produkte, besonders den Äquivalentenaustausch und eine Wertbestimmung der Produkte überhaupt erst möglich. Bei Auftreten der Notwendigkeit des Produktenaustauschs wird die Möglichkeit, die in den Produkten enthaltene Arbeit an ihrem abstrakten Charakter zu messen, zur Wirklichkeit. Die gesellschaftliche Notwendigkeit bringt damit ein gesellschaftliches Verhältnis, das Wertverhältnis, hervor, welches die Austauschbeziehungen regelt, solange Austausch erforderlich ist. Ob dieses Verhältnis bewußt wahrgenommen wird oder nicht, es setzt sich durch und kann nicht willkürlich »abgeschafft« oder »überwunden« werden.

Robert Kurz, der ein eindrucksvolles Bild der Widersprüche der gegenwärtigen Welt zeichnet, sieht in der »abstrakten, wertbildenden Arbeit« die Ursache aller Übel, weil er den Doppelcharakter der Arbeit offenbar nicht versteht. Er setzt die durch das Kapitaleigentum dem Produzenten selbst »entfremdete« Arbeit gleich mit der abstrakten Arbeit,[16] die abstrakte Arbeit außerdem gleich mit dem »Absolutismus des Geldes«, wie er auch die kapitalistische Form der Warenproduktion gleichsetzt mit der Warenproduktion überhaupt.[17] Die positive

Seite der Arbeit als Mittel zur Selbstverwirklichung des Menschen ignoriert Kurz vollständig. Wenn Kurz dagegen ist, »unsere Körper tagtäglich der abstrakten Arbeit auszuliefern«,[18] so wendet er sich gegen jede Arbeit, denn jede konkrete Arbeit hat auch einen abstrakten Charakter. Mit starken Worten allein sind ökonomische Prozesse eben nicht transparent zu machen. Abstrakte Arbeit für sich genommen gibt es nicht. Sie ist deshalb völlig unschuldig an den von Kurz aufgezeigten Mißständen, weil sie nur eine Seite der Arbeit, die immer in konkreter Form verrichtet werden muß, darstellt.

Möglicherweise geht die Kurzsche Auffassung auf Habermas zurück, der schreibt: »Zur Basis des Klassenverhältnisses wird die Monetarisierung der Arbeitskraft. Die Analyse des Klassenverhältnisses muß deshalb beim Doppelcharakter der Ware Arbeitskraft ansetzen«, und: »Diese monetarisierte, als Ware angeeignete, dem Lebenszusammenhang des Produzenten *entfremdete* Arbeitskraft nennt Marx ›*abstrakte* Arbeit‹...« (!) – eine ziemlich grobe Entstellung von Marx.[19] Abstrakte Arbeit läßt sich weder »abschaffen«, noch konkrete in abstrakte Arbeit »umwandeln«.[20] Es kann »nur« darum gehen, Wege in der Richtung zu finden, daß die gesellschaftliche Arbeit, welche objektiv konkreten und abstrakten Charakter besitzt, auf die Befriedigung realer Bedürfnisse bei Sicherung der natürlichen Lebensbedingungen gerichtet ist, unter den der »menschlichen Natur würdigsten und adäquatesten Bedingungen«[21] verrichtet wird und ihre Ergebnisse allen Mitgliedern der Gesellschaft zugute kommen.

Die Widersprüchlichkeit der Arbeit beruht darauf, daß jede konkrete Arbeit *gleichzeitig* eine abstrakte (physiologische und allgemeingesellschaftliche) Arbeit ist. Michael Heinrich sieht nun einen Gegensatz von »abstrakter Arbeit als Natureigenschaft von Arbeit überhaupt« und abstrakter Arbeit als »gesellschaftliche Bestimmung«.[22] Dieser »Gegensatz« erscheint mir jedoch konstruiert. Der Mensch ist von vornherein eine Einheit von natürlichem, physiologischem und allgemein gesellschaftlichem Wesen. Ohne eine wenn auch nur im Keim ganz allgemein vorhandene Gesellschaftlichkeit wäre die Gattung Mensch nicht lebensfähig.

«Abstrakte menschliche und in diesem Sinne gleiche menschliche Arbeit ist jedoch nicht nur die physiologische Gemeinsamkeit aller konkreten Arbeitsarten im Sinne einer für *jede Arbeit und für alle Zeiten gültigen Abstraktion*, sondern in dieser Allgemeinheit *zugleich die gesellschaftliche Spezifik* warenproduzierender Arbeit.«[23] Die allgemein menschliche, gesellschaftliche Arbeit wird bei Warenaustausch also spezifisch gesellschaftliche Arbeit, mit der die Menge der in den Produkten enthaltenen abstrakten Arbeit gemessen wird, bzw. eine »*bestimmte* gesellschaftliche Beziehung (der einzelnen Privatarbeit – I.D.) zu allen anderen Privatarbeiten«.[24] Marx schreibt dazu: »Erst innerhalb ihres Austauschs erhalten die Arbeitsprodukte eine von ihrer sinnlich verschiednen Gebrauchsgegenständlichkeit getrennte, gesellschaftlich gleiche Wertgegenständlichkeit ... Von diesem Augenblick erhalten die Privatarbeiten der Produzenten tatsächlich einen *doppelten gesellschaftlichen Charakter*. Sie müssen *einerseits* als bestimmte nützliche Arbeiten ein bestimmtes gesellschaftliches Bedürfnis befriedigen und sich so als Glieder der Gesamtarbeit, des *naturwüchsigen* Systems der gesellschaftlichen Teilung der Arbeit, bewähren. Sie befriedigen andrerseits nur die mannigfachen Bedürfnisse ihrer eignen Produzenten, sofern jede besondre nützliche Privatarbeit mit jeder andren nützlichen Art Privatarbeit austauschbar ist, also ihr gleich gilt.«[25]

Hier geht es mir darum, festzustellen, daß die Widersprüchlichkeit der menschlichen Arbeit eigen ist, unabhängig davon, ob sie für den Warenaustausch Relevanz erhält oder nicht, und unabhängig vom Bewußtsein der Menschen. Auch die (gedankliche) Reduktion auf die gleiche menschliche (abstrakte) Arbeit, welche zu messen ist an der zur Herstellung des Produkts spezifischen gesellschaftlich notwendigen Arbeit und welche den Austausch nach »gleichen Werten« ermöglicht, erfolgt, ohne daß sich die Produzenten dieses Zusammenhangs bewußt zu werden brauchen. »Sie wissen es nicht, aber sie tun es!«[26] Damit begründet der schon vorher in der Arbeit angelegte Doppelcharakter im Austausch ein reales ökonomisches Verhältnis, das des Äquivalentenaustauschs. Der Doppelcharakter der Arbeit ist also kein Resultat der Warenproduktion, sondern *eine ihrer wesentlichen Bedingungen*. Er gilt nicht nur für die kapitalistische Produktionsweise, ja, ist nicht nur der »warenproduzierenden Arbeit« immanent, sondern besitzt für die gesellschaftliche Arbeit Allgemeingültigkeit.

Marx selbst deutete diese Allgemeingültigkeit des Doppelcharakters nur an: »*Alle* Arbeit ist einerseits Verausgabung menschlicher Arbeitskraft im physiologischen Sinn, und in dieser Eigenschaft gleicher menschlicher oder abstrakt menschlicher Arbeit bildet sie den Warenwert. *Alle* Arbeit ist andrerseits Verausgabung menschlicher Arbeitskraft in besondrer zweckbestimmter Form, und in dieser Eigenschaft konkreter nützlicher Arbeit produziert sie Gebrauchswerte.«[27] Diese Äußerung steht allerdings in Widerspruch dazu, daß er den Doppelcharakter der Arbeit nur auf die »warenproduzierende Arbeit« bezieht. M. Heinrich bemerkt zu diesem Zitat: »An dieser Stelle scheint es so, als beziehe sich 'abstrakte Arbeit' auf Natureigenschaften von Arbeit, auf ihre allgemeinsten physiologischen Bestimmungen, die zwar immer vorhanden sind, die aber nur in der Warenproduktion als ›wertbildend‹ relevant werden würden.«[28] Meines Erachtens ist es in der Tat so: Jede menschliche Arbeit, die gleichzeitig von vornherein auch gesellschaftliche Arbeit ist, läßt sich auf die von jeder Form unabhängige »Verausgabung von Arbeitskraft im physiologischen Sinn«, auf abstrakte Arbeit, reduzieren, die das allen Produkten Gemeinsame ist.

Für Marx' Anliegen, die Analyse der *warenproduzierenden* Arbeit, war diese Allgemeingültigkeit der abstrakten Arbeit und des Doppelcharakters der Arbeit offenbar unbedeutend, weshalb dieser Gedanke von ihm auch nicht weiter verfolgt wurde. Hierin sehe ich eine Ursache für seine Annahme, die Überwindung der kapitalistischen Form der Warenproduktion würde zugleich die Warenproduktion überhaupt beseitigen, der er bis zuletzt verhaftet blieb. Seiner erklärten Absicht entsprechend[29] legte Marx das kapitalistische System als das auf Profit orientierte Ausbeutungssystem bloß und zeigt dessen historische Dimension. Zugleich allerdings liefert er damit – ohne Absicht – die theoretischen Grundlagen für warenproduzierende Gesellschaftsformen überhaupt, damit auch für eine zukünftige nicht kapitaldominierte Gesellschaftsform, die nicht anders als eine arbeitsteilige und Produkte austauschende Gesellschaft denkbar ist.

3. Das doppelte Ergebnis der gesellschaftlichen Produktion

Im Zusammenhang mit der Rolle der Arbeit im 1. Kapitel stellte ich bereits die Erkenntnis besonders heraus, daß sich mit der Herstellung von Produkten gleichzeitig die Arbeitskraft des Menschen und – da sie stets in der »Leiblichkeit seiner Persönlichkeit« (Marx) existiert – mit ihr auch der Mensch selbst entwikkelt. Er ist das Produkt seiner eigenen Arbeit. Marx weist auf das »Zusammenfallen des Änderns der Umstände und der menschlichen Tätigkeit oder Selbstveränderung« bereits in den Feuerbach-Thesen hin[30] und spricht mehrfach von der »Selbstverwirklichung« durch die praktische, produktive Tätigkeit.[31] »Die Arbeit ist zunächst ein Prozeß zwischen Mensch und Natur ..., die seiner Leiblichkeit angehörigen Naturkräfte, Arme und Beine, Kopf und Hand, setzt er in Bewegung, um sich den Naturstoff in einer für sein eigenes Leben brauchbaren Form anzueignen. Indem er durch diese Bewegung auf die Natur außer ihm wirkt und sie verändert, verändert er zugleich seine eigene Natur.«[32]

Ein interessanter Gedanke dazu findet sich in der Arbeit Friedrich Engels': »Der Ursprung der Familie, des Privateigentums und des Staats«. Hierin verarbeitet Engels die Aufzeichnungen von Marx über die Ergebnisse der Forschungen von Lewis Henry Morgan. Es heißt darin: »Nach der materialistischen Auffassung ist das in letzter Instanz bestimmende Moment in der Geschichte: die Produktion und Reproduktion des unmittelbaren Lebens. Diese ist aber selbst wieder *doppelter Art*: Einerseits die Erzeugung von Lebensmitteln, von Gegenständen der Nahrung, Kleidung, Wohnung und den dazu erforderlichen Werkzeugen; andererseits die Erzeugung von Menschen selbst, die Fortpflanzung der Gattung.«[33] Dieser letztere Gedanke steht m.E. in unmittelbarem Zusammenhang mit den Äußerungen von Marx selbst, der unter dieser »doppelten Art der Produktion« nicht nur die »Fortpflanzung der Gattung«, sondern auch die »Selbsterzeugung«, die Entwicklung aller Anlagen des Menschen, darunter, und in besonderem Maße, seiner Arbeitskraft verstand.

Die Arbeitskraft des Menschen mit den heute »normalen« Kenntnissen und Fähigkeiten, die selbst den Vorstoß in den Weltraum möglich gemacht hat, ist nicht vom Himmel gefallen. Sie ist keine »göttliche Schöpfung«, sondern »durch menschliche Arbeit, in der ein ideell vorweggenommenes Resultat durch zweckgerichtete Tätigkeit verwirklicht wird...«[34] entstanden. Dieses doppelte Ergebnis des Produktionsprozesses kann im täglichen Leben praktisch von jedem Menschen wahrgenommen werden. Die Produktion bringt also offenbar in einem einheitlichen Prozeß ein doppeltes Resultat hervor: ein sachliches oder stoffliches Produkt zur Befriedigung der gesellschaftlichen Bedürfnisse und ein persönliches oder menschliches Produkt, die spezifischen Kräfte und Fähigkeiten des Menschen.

Unter dem *»sachlichen« Produkt* verstehe ich alle stofflichen Ergebnisse der Produktion wie Lebensmittel, Produktionsmittel sowie alle Gebrauchsgüter und Dienstleistungen, welche ich zusammengenommen als die *eigentliche Warenwelt* ansehe. Ich beziehe in diese Waren (von mir auch mitunter kurz und vereinfacht nur als Gebrauchsgüter bezeichnet) ausdrücklich *nicht* die Arbeitskraft mit ein, da sie nach meiner Auffassung, wie ich im ersten Kapitel begründete, nicht Ware ist.

Als *»persönliches« Produkt* bezeichne ich die Weiterentwicklung der Fähigkeiten und Fertigkeiten des Menschen, die sich in seiner *Arbeitskraft* verkörpern, welche auch die Entwicklung der Person des Arbeiters wesentlich beeinflußt.

Beide Arten der Produkte, sowohl sachliche als auch persönliche Produkte, sind nun objektiv – jedes für sich – potentielle Träger von abstrakter und konkreter Arbeit. Dasselbe Verhältnis, das Gebrauchswert und Wert der Waren bildet, trifft also zu auf die Produktion bzw. Reproduktion der Arbeitskraft als das persönliche Produkt des gleichen Produktionsprozesses. Auch die Arbeitskraft braucht zu ihrer Produktion bzw. Reproduktion, sprich Erhaltung und Entwicklung, ganz konkrete Tätigkeiten, ganz bestimmte Lebensmittel, eine spezielle Bildungs- und Erziehungsarbeit, wodurch sie konkrete Kräfte, Fähigkeiten, Fertigkeiten usw. erhält, die ihren Gebrauchswert konstituieren. Die Reproduktion der Arbeitskraft erfolgt durch eigene Arbeit (z.B. Training vorhandener Fähigkeiten) sowie durch fremde Arbeit (z.B. Vermittlung von Kenntnissen). Gleichzeitig sind alle konkreten Tätigkeiten, die in die Reproduktion der Arbeitskraft *eingehen*, auch Teil der allgemein menschlichen, gesellschaftlichen Arbeit, also abstrakte Arbeit, die im Austauschprozeß den Wert der Arbeitskraft bildet.

Diese »Verdoppelung« des Produkts im gesellschaftlichen Prozeß der Produktion erhärtet meine im ersten Kapitel entwickelte Auffassung, daß die in den Austausch einbezogene Arbeitskraft (persönliches Produkt) eine *eigenständige, spezifische Wertform* darstellt, die sich mit den anderen Wertformen, wie Waren und Geld, austauschen kann.

4. Die unterschiedliche Entwicklung der Ware und der Arbeitskraft im Vergesellschaftungsprozeß der Produktion und des Austauschs

Jedes der beiden Produkte menschlicher Arbeit, Arbeitskraft und Waren, die beide in einem einheitlichen Prozeß produziert werden, sind – wie oben dargelegt – Träger von abstrakter und konkreter Arbeit. Beide tragen also von Anfang an die Bedingungen und Möglichkeiten, sich in der Gesellschaft gegen- und untereinander auszutauschen, in sich. Die Verwirklichung dieser Möglichkeiten geht nun mit dem Vergesellschaftungsprozeß bei beiden Produktarten – Ware und Arbeitskraft – zeitlich *unterschiedlich* vor sich.

4.1. Der Austausch von Waren (des sachlichen Produkts)

Auf einer bestimmten Stufe der Entwicklung der gesellschaftlichen Arbeitsteilung wurde es erforderlich, die sachlichen Produkte gegeneinander auszutauschen, ein Prozeß, der bekanntlich vor Tausenden von Jahren begann. Marx erklärt die »gesellschaftliche Teilung der Arbeit« als »die allgemeine Grundlage aller Warenproduktion«.[35] In dieser sehr langen Periode, der vorkapitalistischen »einfachen« Warenproduktion, werden die sachlichen Produkte wie Lebensmittel, Gebrauchsgegenstände, Produktionsmittel etc. – soweit sie nicht für den persönlichen Bedarf bestimmt sind – mehr und mehr zwecks Austausch gegen andere sachlichen Produkte produziert. Diese müssen also in ein gesellschaftliches Verhältnis (Austauschverhältnis) miteinander treten und können das aufgrund ihrer gemeinsamen Eigenschaft, Träger von abstrakter und konkreter Arbeit zu sein. Sie treten also auf den sich entwickelnden Markt als Waren.

Anders verhält es sich mit der Arbeitskraft als persönlichem Produkt. Der Besitz von Arbeitskraft und Produktionsmittel liegt unter diesen Verhältnissen noch in einer Hand, in der des Produzenten selbst. Die Verbindung von Arbeitskraft, Arbeitsmittel und Arbeitsgegenständen zum Zwecke der Produktion erfolgt unmittelbar durch Entscheidung des Warenproduzenten selbst. Sie braucht also nicht über gesellschaftliche Beziehungen erst hergestellt zu werden. (Es versteht sich, daß bei dieser Betrachtung der Sklavenhandel als überwunden vorausgesetzt ist.)

Für die Arbeitskraft besteht also bei einfacher Warenzirkulation keine Notwendigkeit, sich selbst auszutauschen. Daß der einzelne Warenproduzent eine ganz bestimmte Menge Waren in bestimmter Qualität produzieren mußte, um seine Arbeitskraft erhalten zu können, ob und wie weit er dabei seine Familienmitglieder einbezog, war seine private Angelegenheit, die er nach seinen eigenen Bedürfnissen und Möglichkeiten regelte. Auch das Auftreten von Geld als allgemeinem Äquivalent, änderte daran nichts.

Der Zweck des Produktionsprozesses ist bei dieser Produktionsweise auf die Befriedigung von Bedürfnissen durch sachliche Produkte gerichtet. Die vom privaten Warenproduzenten produzierten Waren für die Gesellschaft treten in die Zirkulation ein, während die von ihm eingetauschten oder gekauften Waren konsumiert und damit der Zirkulation wieder entzogen werden. Diesen Zirkulationsprozeß, an dessen Anfang die Ware steht und der mit der Ware endet, wobei das Geld den Austausch vermittelt, stellte Marx mit Hilfe der Formel W – G – W (Ware – Geld – Ware) dar. Er schreibt dazu: »Nach ihrem stofflichen Inhalt ist die Bewegung W – W, Austausch von Ware gegen Ware, Stoffwechsel der gesellschaftlichen Arbeit, in dessen Resultat der Prozeß selbst erlischt.«[36] Und erläutert dies: »Der Kreislauf W – G – W geht aus von dem Extrem einer Ware und schließt ab mit dem Extrem einer anderen Ware, die aus der Zirkulation heraus und der Konsumtion anheimfällt. Konsumtion, Befriedigung von Bedürfnissen, mit einem Wort, Gebrauchswert ist daher sein Endzweck.«[37] Dieser Prozeß findet »Maß und Ziel an einem außer ihm liegenden Endzwecke, der Konsumtion, der Befriedigung bestimmter Bedürfnisse«.[38]

Es ist klar, daß in der Darstellung des Prozesses W – G – W die Waren im Sinne von Gebrauchsgegenständen, d.h. für den Bedarf produzierte Lebensmittel, Produktionsmittel u.a. Gegenstände, aufgefaßt sind. Niemand wird diese Darstellung so auslegen, daß Marx mit dieser Formel unter dem Begriff »Ware« auch die Arbeitskraft subsumiert hätte. Die *Arbeitskraft* steht bei dem Prozeß W – G – W also noch *außerhalb* des gesellschaftlichen ökonomischen Zusammenhangs.

Unter den Verhältnissen der einfachen Warenproduktion besaß die Arbeitskraft tatsächlich keinen Wert, weil ihre Reproduktion die private Angelegenheit des Produzenten war, der Wert aber ein spezifisches gesellschaftliches Verhältnis ist, welches sich erst im Austausch herstellt. Es lag also keine gesellschaftliche Notwendigkeit vor, die privat produzierende Arbeitskraft in den gesellschaftlichen Austausch- und Zirkulationsprozeß einzubeziehen und an einem gesellschaftlichen Maß, dem Wert, zu messen. Wert hatten hier nur die produzierten Gebrauchsgüter (Waren) und das Geld, nachdem es sich als allgemeines Äquivalent herausgebildet hatte.

4.2. Der gesellschaftliche Austausch der Arbeitskraft (des persönlichen Produkts)

Mit der weiteren Entwicklung der Produktivkräfte und der Arbeitsteilung – einschließlich der Prozesse, die Marx als »ursprüngliche Akkumulation« untersucht,[39] und der allmählichen Herausbildung kapitalistischen Eigentums an Produktionsmitteln veränderten sich die Stellung des nun vom Besitz der Produktionsmittel »befreiten« Produzenten und gleichzeitig das Motiv zur Produktion grundlegend.

Damit sich Produzent und Produktionsmittel zum Zwecke der Produktion vereinigen können, muß der jetzige Eigentümer der Produktionsmittel mit dem

Nichteigentümer – wohl oder übel – ein ökonomisches (Austausch-)Verhältnis eingehen. Der Nichteigentümer besitzt nur noch seine Arbeitskraft und ist gezwungen, diese selbst mit dem Besitzer von Produktionsmitteln gegen Waren oder Geld, also gegen Lohn, auszutauschen. Dieser Austausch wird nun nur dadurch möglich, daß auch die Arbeitskraft Produkt der gesellschaftlichen Arbeit und als solches auch Träger von konkreter und abstrakter Arbeit ist, die den spezifischen Gebrauchswert der Arbeitskraft und ihren Tauschwert bilden. Die notwendigen Kosten für die Reproduktion der Arbeitskraft (als Erscheinungsform des Wertes der Arbeitskraft) sind von Anfang an die Grundlage jeder Entlohnung. An der gesellschaftlichen Oberfläche wird dieser Austausch allerdings stets als Austausch zwischen »Arbeit« und Lohn wahrgenommen.

Während also das sachliche Produkt, die Gebrauchsgüter, bereits unter Bedingungen der einfachen Warenzirkulation in den gesellschaftlichen Austauschprozeß eingetreten sind, tritt das persönliche Produkt, die Arbeitskraft, erst mit der Herausbildung der *kapitalistischen* Warenzirkulation in den gesellschaftlichen Austauschprozeß ein. Diese unterschiedliche Entwicklung der Waren (sachliches Produkt) einerseits und der Arbeitskraft (persönliches Produkt) andererseits bestätigt wiederum die im ersten Kapitel dieser Arbeit begründete Auffassung, daß die Subsumtion der Arbeitskraft unter die Waren nicht gerechtfertigt ist, sondern daß beide Produkte des Produktionsprozesses jeweils *eigenständige* Wertformen sind, die sich gegeneinander oder gegen Geld austauschen können.

Die Arbeitskraft wird zu einer spezifischen Wertform, die mit der Entwicklung der kapitalistischen Verhältnisse zwar als »Ware« *erscheint*, weil der Eigentümer der Produktionsmittel sie genauso »kauft« wie die zur Produktion nötigen Werkzeuge, Rohstoffe etc. Sie ist jedoch *wesentlich* anderer Art und hat als Wertform eine andere Genese. Sie gehört deshalb prinzipiell nicht zu den Waren. Wesentlich ist vor allem ihre Eigenschaft, mehr Wert hervorzubringen, als sie selbst besitzt. Der Besitzer der Produktionsmittel macht sich diese Eigenart zunutze.

Der kapitalistische Produktionsprozeß wird nun zum Zwecke der Produktion eines Überschusses organisiert. Aus dem Wertbildungsprozeß ist der Verwertungsprozeß des Kapitals geworden.[40] Das Motiv des Kapitalisten zur Produktion ist nicht mehr die Befriedigung der Bedürfnisse der unmittelbaren Produzenten, sondern die Erzielung von Mehrwert, Gewinn. Das Geld wird zum Selbstzweck und zum Maß des Reichtums. Der Zirkulations- und Austauschprozeß verläuft nun umgekehrt. Es wird gekauft, um verkaufen zu können.

»Das Resultat, worin der ganze Prozeß erlischt, ist Austausch von Geld gegen Geld.« Marx kennzeichnet diesen Prozeß mit der Formel: G – W – G.[41] In *diesen* Kreislauf hat Marx in die Ware W nun *auch die Arbeitskraft* mit eingeschlossen, offenbar ohne den Widerspruch zu seiner Darstellung der Ware W in der einfachen Warenzirkulation wahrzunehmen. Obwohl er damit den Kreislauf der kapitalistischen Warenproduktion zunächst sehr vereinfacht hat, wird hier das kapitalistische Motiv der Produktion aber sehr treffend dargestellt. Für den Zweck des Kapitaleigentümers zählt die Arbeitskraft nicht mehr als jede zur Produktion benötigte Ware. Allerdings *nur* für diesen Zweck!

Über die Unterschiede beider Kreisläufe schreibt Marx: »Was jedoch die beiden Kreisläufe W-G-W und G-W-G von vornherein scheidet, ist die umgekehrte Reihenfolge derselben entgegengesetzten Zirkulationsphasen... Dort bildet die Ware, hier das Geld den Ausgangspunkt und Schlußpunkt der Bewegung. In der ersten Form vermittelt das Geld, in der anderen umgekehrt die Ware den Gesamtverlauf.«[42]

Diese Darstellung zeigt gleichzeitig deutlich, *wann* der gesellschaftliche Produktions- und Reproduktionsprozeß, der doch eigentlich nur Sinn haben kann, wenn er von den Bedürfnissen der Menschen ausgeht, aus der gesellschaftlichen Kontrolle gerät. Nicht bei Privateigentum an Produktionsmitteln schlechthin und nicht bei Warenzirkulation überhaupt wird das eigentliche, menschliche Ziel der Produktion verfehlt; sondern: erst mit der Entstehung und Entwicklung des *kapitalistischen* Eigentums an den Produktionsmitteln und der damit verbundenen Eigentumslosigkeit der unmittelbaren Produzenten wird der ursprüngliche Sinn und das Ziel der menschlichen Arbeit und der gesellschaftlichen Produktion in sein Gegenteil verkehrt.

Damit hat der Vergesellschaftungsprozeß *eine qualitativ neue Stufe* erreicht. Die Arbeitskraft, einmal in den Vergesellschaftungsprozeß hineingezogen, kann nicht einfach wieder »aussteigen«. Sie ist gezwungen, gegen Lohn im kapitalistischen Unternehmen für die Interessen eines oder auch mehrerer *anderer* Menschen zu arbeiten, um *ihre eigene Reproduktion* zu gewährleisten. In diesen gesellschaftlichen Austauschprozeß ist sie hineingeraten, ohne daß sich ihr Träger, der Mensch, der historischen Dimension dieser Veränderung der Produktionsweise bewußt geworden ist. »Die vergegenständlichte, vergangne Arbeit wird so zum Herrscher über die lebendige, gegenwärtige Arbeit. Das Verhältniß von Subjekt und Objekt wird verkehrt.«[43] Seit dieser einschneidenden, wenn auch sich über Jahrhunderte hinziehenden Veränderung ist die Menschheit auf der Suche nach dem »verlorengegangenen« Sinn, nach der Erkenntnis der eigenen Stellung im Prozeß der gesellschaftlichen Reproduktion und nach Wegen, die zu dem eigentlich menschlichen Ziel der Produktion »zurück«-führen, nicht zurück in frühere Jahrhunderte, sondern in eine für Mensch und Natur sinnvolle Produktionsweise auf dem inzwischen erreichten, aber auch kritisch zu betrachtenden wissenschaftlich-technischen Niveau.

Der Eintritt der Arbeitskraft in den gesellschaftlichen Austausch darf jedoch nicht nur einseitig als Beginn einer maßlosen Ausbeutung der Arbeitskraft betrachtet, sondern muß auch als *Akt der Befreiung* von den Fesseln der einfachen Warenproduktion, in der die Produzenten isoliert voneinander produzierten, gesehen werden. Der private Rahmen der Produktion wurde durch die Entwicklung der Produktivkräfte gesprengt. Die Arbeitskraft mußte aus ihrer bisherigen privaten Sphäre heraustreten und sich dem gesellschaftlichen Prozeß unterwerfen. Das bedeutet zugleich eine sprunghafte Erweiterung ihrer Entwicklungsmöglichkeiten. Neue Fähigkeiten und Kenntnisse wurden gefordert und trugen zur Emanzipation aus beschränkten kleinbürgerlichen Verhältnissen der alten Produktionsweise bei.

Rekapitulieren wir: Das Ziel des kapitalistischen Produktions- und Reproduktionsprozeß ist also Geld, und zwar soll am Ende des Prozesses mehr Geld herauskommen, als vorher in den Prozeß hineingegeben wurde, also G – W – G' (Geld – Ware – mehr Geld oder Mehrwert). »Geld durch Geld zu machen ist der Zweck des capitalistischen Produktionsprocesses.«[44] Auch in bezug auf die Arbeitskraft setzt sich nun das Wertgesetz durch, indem ständig die zu ihrer Reproduktion aufgewandte Arbeitsmenge auf das gesellschaftlich notwendige Maß reduziert wird, wobei daran zu erinnern ist, daß der Wert eine gesellschaftliche Durchschnittsgröße ist und er sich in der Regel über – oft erhebliche – Abweichungen durchsetzt.

5. Die Stellung der Arbeitskraft im Reproduktionsprozeß

Im Zuge der weiteren Analyse des Kreislaufs des Kapitals gliederte Marx die vorher entwickelte Formel G – W – G' weiter auf. Er stellt den Kreislauf dar mit: »G – W ...P...W'– G', und schließlich »in seiner expliziten Form also G – W <A/Pm ...P...(W + w) – (G + g).«[45]

Oder: G – W <A/Pm ...P...W' (W + w) – G' (G + g).[46]

(P ist bei Marx sowohl produktives Kapital als auch dies in seiner Funktion, der Produktion; A = Arbeitskraft, Pm = Produktionsmittel, w = mehr Ware, d.h. die stoffliche Form des Mehrwerts, g = mehr Geld, d.h. die Geldform des Mehrwerts).[47] »G'... drückt verwerteten Kapitalwert aus, den Zweck und das Resultat, die Funktion des gesamten Kreislaufsprozesses des Kapitals... In W' ist ... das Verhältnis des Kapitalwerts zu dem von ihm geheckten Mehrwert vorhanden und ausgedrückt, bevor beide in G' verwandelt ... sind.«[48]

Wir sehen, daß in den letzteren Formeln die in die Produktion eingehende Ware (W) in Arbeitskraft (A) und Produktionsmittel (Pm) gegliedert ist. Im Produktionsergebnis (W+w) ist A wieder verschwunden. Die Arbeitskraft hat lediglich dazu gedient, mehr Ware und damit mehr Geld hervorzubringen. So, wie die Waren mit ihrer Konsumtion aus dem Reproduktionsprozeß »herausfallen« und nur ihr Gegenwert in Geld weiter zirkuliert, so fällt auch die in der Produktion konsumierte Arbeitskraft aus dem kapitalistischen Reproduktionsprozeß heraus. Nur das als Lohn gezahlte variable Kapital zirkuliert weiter und dient der Reproduktion der Arbeitskraft für den nächsten Produktionsprozeß.

Nach der Darstellung des Kreislaufs der Werte in seiner Kontinuität:
G – W ... P ... W'- G'. G . W ... P ... W'- G'. G – W ...P...etc.
betrachtet Marx den Kreislauf dann von verschiedenen Gesichtspunkten aus, einmal vom Standpunkt der Zirkulation des Geldkapitals: G – W (Pm/A) ...P... W'- G';[49] zum anderen vom Standpunkt des produktiven Kapitals bzw. der Produktion: P...W' – G'- W – P.[50]

In der Darstellung dieser Kreisläufe ist die Arbeitskraft unter die Waren subsumiert, und ihr »Schicksal« bleibt unbeachtet. Marx hat damit allerdings den *realen*, kapitalistischen Produktionsprozeß auf den kleinsten Nenner gebracht: Produktion um der Vermehrung des Kapitals willen, was auch Produktion um der Produktion willen einschließt. Sinnvoll ist aber nur eine Produktion um des Menschen willen!

Es sei mir hier gestattet, einige noch unausgereifte Gedanken zu der theoretischen Möglichkeit zu äußern, den gesamten Kreislauf der Werte weder vom Standpunkt des Geldkapitals noch vom Standpunkt des produktiven Kapitals, sondern vom Standpunkt der arbeitenden Menschen aus zu betrachten. Wäre es nicht denkbar, daß sich die Träger der Arbeitskraft eines Tages ihrer Bedeutung und ihrer Rolle im Reproduktionsprozeß bewußt würden und nur noch ihre eigene Erhaltung und Entwicklung als Sinn der Produktion akzeptieren würden? Ein solcher Zustand, in welchem der arbeitende Mensch den Reproduktionsprozeß beherrscht, statt von ihm beherrscht zu werden, könnte seinen Ausdruck in einer Formel finden, in der die Wertform Arbeitskraft den Ausgangs- und Endpunkt des gesamten Prozesses darstellt, etwa so:

A – G – W <Pm/Km ...P... – W'<Pm/Km – G' – A; oder A'?

Das Ziel dieses Prozesses ist dann nicht mehr G', auch nicht W', sondern die Entwicklung und Vervollkommnung der gesellschaftlichen Arbeitskraft bei der Produktion der notwendigen Produktions- und Konsumtionsmittel. Allerdings hält Marx eine Bezeichnung von A' und Pm' für falsch, »weil wir wissen, daß mit dem Wachstum des Kapitals eine Änderung seiner Wertzusammensetzung verbunden ist, im Fortschritt derselben der Wert von Pm wächst, der von A stets relativ abnimmt, oft absolut«.[51]

Natürlich ist mit einer neuen Formel zur Darstellung des gesellschaftlichen Reproduktionsprozeßes nichts gewonnen. Es ist nicht mehr als ein Versuch, die Gedanken in eine bestimmte Richtung zu lenken, woraus sich neue Fragen ergeben, die hier nicht beantwortet werden können, wie z.B. folgende:

- Führt der weitere wissenschaftlich-technische Fortschritt dazu, daß der Wert der Arbeitskraft in Relation zum erzeugten Mehrwert sinken muß?
- Wenn ja: Können sich die vielseitigen Fähigkeiten der Menschen unaufhörlich weiter entwickeln und entfalten, wenn der Wert der Arbeitskraft relativ sinkt?
- Zeigt sich im Sinken des Wertes der Arbeitskraft bei gleichzeitig steigender Wertschöpfung eine Perspektive, in der sich die Bedeutung des Wertverhältnis-

ses (damit auch der Warenproduktion überhaupt) allmählich vermindern könnte?

- Wird es im Zuge der Herausbildung des Bedürfnisses nach Teilnahme an der gesellschaftlichen Arbeit als *vorrangiges* Bedürfnis und nach Entwicklung entsprechender Gewohnheiten vielleicht überflüssig, die Arbeitskraft, die sich ja auf unabsehbare Zeit im arbeitsteiligen Prozeß wird austauschen müssen, an ihrem Wert zu messen?
- Wo bleibt der Mehrwert, wenn die Reproduktion der Arbeitskraft auf einem hohen, aber rationellen und mit den natürlichen Lebensbedingungen verträglichen Niveau ohne wesentliches weiteres Wirtschaftswachstum gesichert ist?
- Gibt es dann nicht Möglichkeiten, die Kultur, Wissenschaft und sozialen Beziehungen erst wirklich »aufblühen« zu lassen? usw.

Meine Vorstellungen zielen jedoch nicht in eine ferne Zukunft, sondern auf eine sich aus der gegenwärtigen kapitalistischen Gesellschaft heraus entwikkelnde alternative Produktionsweise, wo die aufgeworfenen Fragen sicher nicht sofort aktuell sind, aber im Verlauf der Entwicklung möglicherweise akut werden könnten.

6. Zur Wirkungsweise des Wertgesetzes in bezug auf die Arbeitskraft

Das Wertgesetz drückt bekanntlich im wesentlichen nichts weiter aus als den gesetzmäßigen Zusammenhang, daß sich im gesellschaftlichen Austauschprozeß letztendlich nur gleiche Werte austauschen und der vom Wert abweichende Arbeitsaufwand immer wieder tendenziell auf das gesellschaftlich notwendige Maß, einem gesellschaftlichen Durchschnitt, reduziert wird. Die gesellschaftliche Notwendigkeit, die sich mittels des Wertgesetzes Geltung verschafft, besteht in zweifacher Hinsicht: einmal muß die Produktion bzw. Reproduktion unter normalen, d.h. durchschnittlichen gesellschaftlichen Produktionsbedingungen stattfinden, zum anderen muß das Produkt dem gesellschaftlichen Bedarf bzw. der kauffähigen Nachfrage entsprechen. Auf Waren angewandt, heißt das, daß ein Unternehmen nicht auf Dauer existieren kann, wenn es z.B. aufgrund veralteter Technik mit überdurchschnittlichen Kosten produziert. In einem solchen Falle werden die Produkte dieses Unternehmens »entwertet«. Ebenso verhält es sich mit Produkten, die nicht dem Bedarf entsprechen bzw. bei rückläufiger Nachfrage.

Dieser sich unter der Oberfläche vollziehende Prozeß kommt sichtbar zum Ausdruck über den ständigen Wechsel der Preise. »Die beständigen Oszillationen der Marktpreise, ihr Steigen und Sinken, kompensieren sich, heben sich wechselseitig auf und reduzieren sich selbst zum Durchschnittspreis als ihrer inneren Regel.«[52] Genauso trifft das zu für das Schwanken der Löhne um den

Wert der Arbeitskraft, welcher als Reproduktionskosten der Arbeitskraft in Erscheinung tritt.

Das Modell für die Wirkungsweise des Wertgesetzes in bezug auf den Wert der Arbeitskraft sieht – stark vereinfacht – etwa wie folgt aus:

Arbeitskräfte aus einem Unternehmen (bzw. einer Branche), die für längere Zeit unter ihrem Wert entlohnt werden, wandern ab in ein Unternehmen, in welchem höherer Lohn gezahlt wird. Dadurch wird das Unternehmen, dessen Löhne unter dem Wert lagen, veranlaßt, dieselben zu erhöhen, um die qualifikationsgerechte Reproduktion der Arbeitskräfte zu sichern und damit die Voraussetzung für effiziente Produktion wieder zu schaffen. Der umgekehrte Prozeß geht vor sich in Unternehmen, deren Löhne in einer bestimmten Zeit über dem Wert liegen. Das Angebot an Arbeitskräften wird dort steigen, so daß das Unternehmen die Löhne auf das allgemein übliche Niveau der Reproduktion der Arbeitskraft senken oder aber die Arbeitsanforderungen erhöhen kann, so daß auch hier das »Gleichgewicht« im Austausch Arbeitskraft – Lohn wiederhergestellt wird. Ähnlich verhält es sich im Rahmen einer Branche. Diese Lohnbewegungen werden natürlich durch vielfältige Einflüsse (politische, konjunkturelle, internationale u.a.) gebrochen und durch festgeschriebene Tarife »behindert«.

Ein solches vereinfachtes »Modell« setzt auch voraus, daß alle Arbeitseinkommen tatsächlich dem Zweck dienen, die Reproduktion der Arbeitskraft auf dem erreichten Niveau zu reproduzieren. In Wirklichkeit wird der Austausch zwischen Arbeitskraft und Lohn als Austausch gleicher Werte beständig konterkariert z.B. durch nicht-äquivalenten Austausch. Wenn ein Konzern seinen höheren Angestellten mit dem Gehalt nicht nur die erforderlichen Reproduktionskosten der Arbeitskraft bezahlt, sondern zusätzlich einen Anteil am Gewinn des Unternehmens, so ist damit das Austauschverhältnis Gehalt – Arbeitskraft natürlich verzerrt. Die realen Spitzeneinkommen der Konzernmanager haben sich in der Bundesrepublik dank der gestiegenen Unternehmensgewinne und der konservativen Verteilungspolitik der Regierung m.E. von der Wirkung der Marktgesetze regelrecht selbst »befreit«. Gerade aus diesem »Gleichgewicht des Marktes«, das so eindringlich als »Heilmittel« für alle wirtschaftlichen Schwierigkeiten gepriesen wird, haben sich die Manager in den Machtetagen der Konzerne längst »ausgeklinkt«. Sie haben sich selbst sozusagen dem ursprünglichen Zusammenhang, auf dem das Kapital beruht, entzogen und sichern sich ihren Anteil am Profit. Ein Zusammenhang dieser überhöhten Einkommen mit dem Wert der Arbeitskraft besteht lediglich noch darin, daß diese Einkommensbezieher z.T. als »abhängige Beschäftigte« zählen und statistisch gesehen das Durchschnittseinkommen stark erhöhen und damit das reale Bild verzerren.

Die Masse der arbeitsfähigen Bevölkerung ist dagegen der Wirkung des Wertgesetzes brutal ausgesetzt. Durch die partielle, auf bestimmten, mit ökonomischer Macht verbundenen Interessen beruhende Beeinflussung des Austauschverhältnisses Arbeitskraft – Lohn wird das Wertgesetz nicht außer Kraft gesetzt.

Die erwähnte Erscheinung spiegelt lediglich die Fragwürdigkeit und Widersprüchlichkeit der kapitalistischen Produktionsweise wider und macht die Aufgabe deutlich, die Verteilung des geschaffenen Reichtums insgesamt auf ihren Wertzusammenhang *zurückzuführen*, wenn es um Gerechtigkeit für alle gehen soll.

In der heutigen Realität der zu einem großen Teil monopolistischen Strukturen des Kapitalismus kommt die Wirkung des Wertgesetzes auch weniger in der skizzierten »Wanderbewegung« der Arbeitskräfte zum Ausdruck, als darin, daß vor allem im Zuge der Rationalisierung einzelne oder auch Gruppen von Arbeitnehmern in die Arbeitslosigkeit fallen, daß also ihre Arbeitskraft »entwertet« wird, wenn die Nachfrage nach Arbeitskraft sinkt. Sie fallen damit faktisch aus dem Wirkungskreis des Wertgesetzes heraus und sind zunächst zwar durch Versicherung geschützt, des weiteren aber dem sozialen Gutdünken des Staates bzw. der Solidarität der Gesellschaft überlassen. Auch diese »Entwertung« ist natürlich *nicht dem Wertverhältnis* anzulasten, sondern der Art und Weise der kapitalistischen Produktion. Das *Profitmotiv* schließt zwangsweise den Drang der kapitalistischen Unternehmen ein, die »Lohnkosten« für die Massen der Arbeitnehmer so niedrig wie möglich zu halten, damit den Wert der Arbeitskraft herunterzudrücken und so wenig wie möglich Arbeitskraft anzuwenden.

Das Wertgesetz bezieht also die tatsächlichen, im einzelnen Unternehmen für die Reproduktionskosten der Arbeitskraft aufgewandten Löhne, die um den Wert der Arbeitskraft schwanken, tendenziell immer wieder auf den gesellschaftlich notwendigen Aufwand zur Reproduktion der Arbeitskraft, also auf eine Durchschnittsgröße. Ob mit großen oder geringen Abweichungen vom Wert, vollzieht sich dieser objektive Zusammenhang unabhängig davon, ob er von den arbeitenden Menschen selbst oder von dem kapitalistischen Unternehmer überhaupt zur Kenntnis genommen oder etwa von Wissenschaftlern erforscht wird. »Nur als inneres Gesetz, den einzelnen Agenten gegenüber als blindes Naturgesetz, wirkt hier das Gesetz des Werts und setzt das gesellschaftliche Gleichgewicht der Produktion inmitten ihrer zufälligen Fluktuationen durch.«[53] Aber dieser gesetzmäßige Zusammenhang kann durchaus bewußt wahrgenommen und beeinflußt werden. Schließlich hängt die Größe des Wertes der Arbeitskraft vom Kräfteverhältnis der beiden austauschenden Parteien ab, besonders von der Stärke der Gewerkschaft als Gegenmacht.

Wir müssen uns auch die Frage stellen, wie die Erscheinung der »Flucht in die Selbständigkeit« in die gesellschaftliche Entwicklung einzuordnen ist. Möglicherweise zeigt sich in dem »Aussteigen« sehr vieler Arbeiter bzw. Angestellter aus dem kapitalistischen Produktionsprozeß oder aus der Arbeitslosigkeit und ihrem »Einstieg« in eine selbständige Tätigkeit das Interesse, dem »Warencharakter« ihrer Arbeitskraft ein Ende zu bereiten. Sie wird dem Austausch und damit der Möglichkeit ihres Kaufs und Verkaufs entzogen. Im Unterschied zur Genossenschaft oder anderen gemeinschaftlichen Produktionsformen verliert hier die Arbeitskraft faktisch ihren ökonomischen Wert. Die Reproduktion der Arbeitskraft wird wieder zur Privatangelegenheit. Es liegt im privaten Interesse des selbständigen Produzenten und ist abhängig von seinen Erfolgen, wie weit er seine Arbeitskraft reproduziert, wie weit er akkumuliert, um auch in Zukunft zu bestehen, oder ob er die Mittel zu seiner eigenen Reproduktion auf das Existenzminimum heruntersetzt, um überhaupt weiter selbständig bestehen zu können, womit er der Selbständigkeit seine Persönlichkeit opfert. Die Gesellschaft ist dann für die Reproduktion der Arbeitskraft, ökonomisch gesehen, »nicht zuständig«.

Es ist bemerkenswert, daß diese Erscheinung der »Flucht in die Selbständigkeit« im internationalen Maßstab auftritt.[54] Die Frage wäre also noch zu untersuchen: Erweist sich dieses »Aussteigen« aus dem kapitalistischen Produktionsprozeß und damit aus dem kapitalistischen Arbeitsmarkt als eine Art »Rückkehr« zur einfachen Warenproduktion, womit dann die kapitalistische Entwicklung wieder »von vorn« beginnen könnte? Oder ist in dieser massenhaften Erscheinung ein »Aufbrechen« der kapitalistischen Eigentumsverhältnisse »von unten« zu konstatieren und damit positiv zu werten?

Viertes Kapitel
Die Reproduktionskosten der Arbeitskraft als Erscheinungsform ihres Wertes

1. Vorbemerkung

Im Unterschied zur bürgerlichen Volkswirtschaftslehre, die den Wert mit dem Preis identifiziert und ihn als Rechengröße behandelt, geht die marxistische Ökonomie davon aus, daß der Wert ein gesellschaftliches Verhältnis darstellt, welches sich im Austauschprozeß objektiv vollzieht und nicht exakt errechnet werden kann. Dieses unsichtbare und nicht sinnlich wahrnehmbare Verhältnis tritt in Erscheinung in der Form von Kosten, Preisen, Löhnen usw., die den Wert annähernd widerspiegeln.

Die Kosten für die Reproduktion sowohl einer beliebigen Ware als auch der Arbeitskraft sind weitgehend exakt zu errechnen, z.B. auf der Ebene eines Unternehmens. Ob und wie weit diese individuellen (Unternehmens-)Kosten jedoch wirklich dem *gesellschaftlich* notwendigen Aufwand (dem Wert) entsprechen, kann nur *im nachhinein und nur annähernd* ermittelt werden, da sich dieser gesellschaftliche (Wert-)Zusammenhang objektiv erst als Resultat der Austauschbeziehungen durchsetzt. »...über den Preismechanismus stellen sich auch die notwendigen Proportionen zwischen den Wirtschaftszweigen her, im nachhinein. Welcher Teil der zur Herstellung des Sozialprodukts aufgewandten Arbeit tatsächlich gesellschaftlich notwendige Arbeit darstellt, ergibt sich also erst am Ende des Warenkreislaufs, wenn die Ware verkauft ist und das Geld in der Kasse klingelt.«[1] Genauso vollzieht sich auch über die Löhne (und Gehälter) die Verteilung der Arbeitskräfte auf die verschiedenen Branchen und Unternehmen und realisiert sich der Wert der Arbeitskraft.

Die *Reproduktionskosten der Arbeitskraft* sind Kosten zu *deren Erhaltung* (und Entwicklung) und nicht zu verwechseln mit den sogenannten »Kosten der Arbeit«, als die sie vom Standpunkt des kapitalistischen Unternehmers erscheinen. Der Aufwand zur Reproduktion der Arbeitskraft geht also in der Phase der individuellen Konsumtion in die Arbeitskraft ein (d.h. in das persönliche Produkt der gesellschaftlichen Arbeit), erneuert also immer wieder die wertschöpferische Potenz der Arbeitskraft, während der im Produktionsprozeß vor sich gehende Arbeitsaufwand, die *Verausgabung* von Arbeitskraft, in die Wertbestimmung der sachlichen Produkte eingeht. »Aber die vergangne Arbeit, die in der Arbeitskraft steckt, und die lebendige Arbeit, die sie leisten kann, ihre täglichen Erhaltungskosten und ihre tägliche Verausgabung, sind zwei ganz verschiedene Größen. Die erstere bestimmt ihren Tauschwert, die andere bildet ihren Gebrauchswert.«[2] Die Arbeitskraft muß als persönliches Produkt ständig wieder reproduziert werden, und zwar in einer ganz bestimmten Qualität, auch »marktgerecht«, damit sie ihren spezifischen Gebrauchswert erhalten und sich zu ihrem Wert wieder austauschen kann. Diese Reproduktion erfordert auch ganz bestimmte, differenzierte Reproduktionskosten.

2. Wie sind die Reproduktionskosten der Arbeitskraft zu errechnen?

Die Produktions- und Reproduktionskosten der Arbeitskraft setzen sich zusammen aus Kosten für die laufende physische und geistige Reproduktion, also aus Kosten für Lebensmittel, Wohnung, Kleidung, Information, Kultur usw. und aus Kosten für die Heranbildung der Arbeitskraft, also für die Ausbildung einer konkreten Qualifikation durch Studium, Berufsaus- und Weiterbildung, aber auch autodidaktische Qualifikation.

Marx sagt dazu: »Soweit sie Wert, repräsentiert die Arbeitskraft selbst nur ein bestimmtes Quantum in ihr vergegenständlichter gesellschaftlicher Durchschnittsarbeit... Die zur Produktion der Arbeitskraft notwendige Arbeitszeit löst sich also auf in die zur Produktion dieser Lebensmittel notwendige Arbeitszeit, oder der Wert der Arbeitskraft ist der Wert der zur Erhaltung ihres Besitzers notwendigen Lebensmittel.«[3] Und weiter bemerkt er: »Wenn der Eigentümer der Arbeitskraft heute gearbeitet hat, muß er denselben Prozeß morgen unter denselben Bedingungen von Kraft und Gesundheit wiederholen können. Die Summe der Lebensmittel muß also hinreichen, das arbeitende Individuum als *arbeitendes* Individuum in seinem normalen Lebenszustand zu erhalten.«[4] Damit wird ausgedrückt, daß es bei der Reproduktion der Arbeitskraft nicht nur um die Erhaltung der nackten Existenz, sondern um die Erhaltung der Arbeitsfähigkeit auf einem ganz bestimmten Niveau geht. Der dazu notwendige Aufwand darf jedoch nicht verwechselt werden mit dem Existenzminimum.

Die höher qualifizierte Arbeitskraft erfordert auch höhere Reproduktionskosten. Diese ergeben sich daraus, »daß außer der in seiner Lebendigkeit vergegenständlichten Arbeitszeit, die nötig war, um die nötigen Produkte für die Erhaltung seiner Lebendigkeit zu zahlen, noch weitere Arbeit vergegenständlicht ist in seinem unmittelbaren Dasein, nämlich die Werte, die er konsumiert hat, um eine bestimmte Arbeitsfähigkeit, eine besondere Geschicklichkeit zu erzeugen – und deren Wert zeigt sich darin, zu welchen Produktionskosten ein ähnliches bestimmtes Arbeitsgeschick produziert werden kann...«[5] Hinzu kommt, daß die Reproduktionskosten der Arbeitskraft nicht nur Lebensmittel und andere Gebrauchsgüter zur Erhaltung der eigenen Arbeitskraft umfassen, sondern auch die »Lebensmittel der Ersatzmänner«[6], also Aufwendungen für Kinder und Familie.

Durchschnittlich betrachtet setzen sich die Reproduktionskosten unter heutigen Bedingungen m.E. im wesentlichen zusammen aus:

- Kosten für Nahrung, Kleidung und Wohnung entsprechend dem gesellschaftlich durchschnittlichen Entwicklungsniveau,
- Kosten für Dienstleistungen, Reparaturen, Erneuerung der Einrichtung, Modernisierung usw.,

- Kosten für die Gewährleistung der heute notwendigen Mobilität (öffentliche Verkehrsmittel, PKW),
- Kosten bzw. Kostenanteile für Aus- und Weiterbildungsmaßnahmen (einmaliger Aufwand),
- Kosten für kulturelle, geistige und sportliche Betätigung (einschließlich des laufenden Bildungsaufwands zur Erhaltung der erreichten Qualifikation),
- Kosten für die Betreuung und Erziehung von mindestens einem Kind,
- Kosten für die Ausbildung eines Kindes, soweit sie privat getragen werden müssen.

Diese grobe Aufstellung erhebt natürlich keinen Anspruch auf Vollständigkeit. Sie soll lediglich verdeutlichen, daß die Möglichkeit der Berechnung der Reproduktionskosten durchaus vorhanden ist. Es wird hier davon ausgegangen, daß eine arbeitsfähige Ehefrau als gleichberechtigter Partner ebenfalls ihre Arbeitskraft in den gesellschaftlichen Reproduktionsprozeß einbringt. Selbstverständlich werden die Reproduktionskosten von den unterschiedlichen Bedingungen der verschiedenen Länder bzw. Gesellschaftssysteme beeinflußt. Dort, wo die Ehefrauen überwiegend nicht selbst berufstätig sind, sondern die Reproduktion des männlichen »Ernährers« durch unentgeltliche Arbeit im Haushalt sichern, sind die Reproduktionskosten der Arbeitskraft weit höher (z.B. in der alten Bundesrepublik) als dort, wo die Ehefrau in der Regel selbst einer Erwerbstätigkeit nachgeht (z.B. in der ehemaligen DDR). Im Zuge der angestrebten Angleichung der Lebensverhältnisse in beiden Teilen Deutschlands wird einerseits im Osten in großem Umfang die Ehefrau auf die Familienpflichten zurückgeworfen und damit weitgehend ihrer selbständigen Rolle im Reproduktionsprozeß beraubt. Andererseits erfolgt in diesem Prozeß die allmähliche Angleichung des Wertes der Arbeitskraft an den der alten Bundesländer.

Anhand der Preise kann der »Wert der gewohnheitsmäßig notwendigen Lebensmittel des Durchschnittsarbeiters«[7] durchaus annähernd berechnet werden, was auch geschieht, z.B. durch die Berechnungen der »Warenkörbe« bzw. der Verbrauchsstruktur für bestimmte Familiengrößen und Bevölkerungsgruppen, aber auch der Bildungskosten für die Produktion und Reproduktion des jeweils erforderlichen Qualifikationsniveaus. Mit der rasanten Entwicklung der Technik und Naturwissenschaften, besonders in den industriell entwickelten Ländern sind auch die Kosten für die heute erforderliche Qualifikation der Arbeitskraft (Arbeiter und Angestellte) enorm gestiegen. Vor allem für die angelernten Berufe, die Facharbeiter und Fachschulabsolventen sind die Ausbildungskosten in den Jahren von 1970 bis 1990 um etwa das Vierfache gestiegen (in laufenden Preisen). In Preisen von 1985 haben sich diese Kosten nahezu verdoppelt. Die Ausbildungskosten für Absolventen von Fachhochschulen sind dagegen nur geringfügig höher und die der Universitäten sogar etwas zurückgegangen.[8] (s. Anlage 2)

Auch die Bildungskosten, die der Staat oder ein Unternehmen ganz oder teilweise trägt, gehen in den Wert der Arbeitskraft ein. Sie sind ein wichtiges Element im Wertbildungsprozeß der Arbeitskraft. Sie betreffen zwar nur den einmaligen (oder auch mehrmaligen) Bildungsaufwand, der in den Wert der Arbeitskraft eingeht. Die damit erhöhte Qualifikation hat jedoch auch einen erhöhten laufenden Aufwand für die *Erhaltung* des erreichten Bildungsniveaus und für seine weitere Erhöhung zur Folge. Das ergibt sich aus den ständig wachsenden Anforderungen an die Arbeitskraft, aber auch aus den sich mit höherer Bildung entwickelnden Bedürfnissen nach weiterer Information, nach Vertiefung des Wissens usw. Dieser Aspekt wird gerade angesichts der Verwissenschaftlichung der Produktion infolge immer neuer Produktionstechnologien für die Masse der Arbeitskräfte weiter an Bedeutung gewinnen. Besonders deutlich wird dieser Aspekt an den steigenden Anforderungen an einen großen Teil der Arbeitskräfte angesichts des Siegeszuges des Computers in nahezu allen Branchen und Bereichen.

»Insgesamt ist das Interesse an der Weiterbildung in den letzten zwölf Jahren stark gestiegen. Es hat sich angesichts der neuen Herausforderungen mehr als verdoppelt. Nahmen 1979 10% der Bevölkerung im Alter von 19 bis 65 Jahren an der beruflichen Weiterbildung teil, so waren es 1991 in den alten Bundesländern 21%.«[9] Zudem sind 1991/92 die »Weiterbildungsaktivitäten auf den modernen Arbeitsplätzen fast doppelt so hoch wie bei den traditionellen Arbeitsplätzen«.[10] Soziologische Untersuchungen beweisen, daß höher qualifizierte Arbeitskräfte tatsächlich auch größere Weiterbildungs- und Kulturbedürfnisse haben, die befriedigt werden müssen, wenn das erreichte geistige und kulturelle Niveau erhalten und weiterentwickelt werden soll. Daraus ergeben sich höhere Reproduktionskosten für höher qualifizierte Arbeitskraft. »Die Arbeit, die als höhere, kompliziertere Arbeit gegenüber der gesellschaftlichen Durchschnittsarbeit gilt, ist die Äußerung einer Arbeitskraft, worin höhere Bildungskosten eingehn, deren Produktion mehr Arbeitszeit kostet und die daher einen höheren Wert hat als die einfache Arbeitskraft. Ist der Wert dieser Kraft höher, so äußert sie sich daher auch in höherer Arbeit und vergegenständlicht sich daher, in denselben Zeiträumen, in verhältnismäßig höheren Werten.«[11]

In der DDR herrschte im allgemeinen die Meinung, daß ja die Kosten für die Qualifikation der Arbeitskräfte fast gänzlich vom Staat übernommenen wurden und deshalb im individuellen Lohn nicht berücksichtigt zu werden brauchten. Damit wurde jedoch der entstehende laufende Aufwand zur Erhaltung des größeren Bildungsniveaus nicht anerkannt. Es liegt offensichtlich an der objektiven Wirkung des Wertgesetzes, welches um die DDR keinen Bogen gemacht hat, daß die Entlohnung trotz der subjektiven Meinungen eben auch im großen und ganzen nach der Qualifikation erfolgen *mußte*, statt nach der angeblichen »Leistungsgerechtigkeit«. Der größere einmalige Bildungsaufwand zieht also notwendigerweise auch einen höheren laufenden Aufwand zur Erhaltung der

Arbeitskraft auf der erreichten Stufe nach sich. Bekannte Bildungsökonomen der DDR kamen deshalb zu der Auffassung: »Die höhere wertschaffende Fähigkeit dieser qualifizierten Arbeitskraft und die höheren Reproduktionskosten sind beide das Ergebnis des Heranbildungsprozesses dieser qualifizierten Arbeitskraft.«[12]

Die Entwicklung des Qualifikationsniveaus ist allerdings ein differenziert und widersprüchlich verlaufender Prozeß. Die neuen Technologien in der industriellen Produktion erfordern bekanntlich einerseits hochqualifizierte Spezialisten und Manager und fördern eine Schicht hochqualifizierter Selbständiger, zugleich bringen sie aber eine Vereinfachung der Arbeit, eine Schicht prekär Beschäftigter und von Großunternehmen stark abhängiger Selbständiger, wie z.B. Vertragsunternehmer u.a., hervor. Dieter Otten spricht in diesem Zusammenhang von einem »Wegbrechen klassischer mittlerer Qualifikationen (Facharbeiter, Meister, Sachbearbeiter usw.)« und von einer »Qualifikationspolarisierung« – eine reale Gefahr, der die Gesellschaft mit entsprechenden Maßnahmen begegnen muß.[13]

Obwohl der Wert der Arbeitskraft in einer bestimmten Periode als relativ konstant betrachtet werden kann, ist er – ähnlich wie der Wert der Ware – keine ein für allemal feststehende Größe. Sowohl der Wert der Waren als auch der Wert der Arbeitskraft hängen vom technischen/kulturellen Niveau der Reproduktion sowie von Angebot und Nachfrage ab; beim Wert der Arbeitskraft kommt jedoch noch ein »historisches und moralisches Element« hinzu. Marx schreibt dazu: »Die natürlichen Bedürfnisse selbst, wie Nahrung, Kleidung, Heizung, Wohnung usw. sind verschieden je nach den klimatischen und anderen natürlichen Eigentümlichkeiten eines Landes. Andererseits ist der Umfang sogenannter notwendiger Bedürfnisse, wie die Art ihrer Befriedigung, selbst ein historisches Produkt und hängt daher großenteils von der Kulturstufe eines Landes, u.a. auch wesentlich davon ab, unter welchen Bedingungen, und daher mit welchen Gewohnheiten und Lebensansprüchen die Klasse der freien Arbeiter sich gebildet hat. Im Gegensatz zu den anderen Waren enthält also die Wertbestimmung der Arbeitskraft ein historisches und moralisches Element. Für ein bestimmtes Land, zu einer bestimmten Periode jedoch, ist der Durchschnitts-Umkreis der notwendigen Lebensmittel gegeben.«[14]

Die »Lebensansprüche der Klasse der freien Arbeiter« machen sich in einer kapitalistischen Gesellschaft im Kampf der Gewerkschaften um Lohnerhöhungen geltend, sind also auch abhängig vom Kräfteverhältnis zwischen den »Arbeitgebern« und den »Arbeitnehmern«. Das in den vergangenen Jahrzehnten anhaltend relativ hohe Lohnniveau in der Bundesrepublik, welches einen stetig steigenden Wert der Arbeitskraft zum Ausdruck brachte, war nicht zuletzt auch das Verdienst starker Gewerkschaftsorganisationen.

3. Was heißt gesellschaftlich notwendiger Aufwand für die Reproduktion der Arbeitskraft?

Daß der gesellschaftlich notwendige Reproduktionsaufwand nur in seiner Dynamik zu verstehen ist, zeigt Marx anschaulich in seinen Gedanken zur Bedürfnisentwicklung. Er schreibt: »Je mehr die selbst geschichtlich – durch die Produktion selbst erzeugten Bedürfnisse, die gesellschaftlichen Bedürfnisse – Bedürfnisse, die selbst der offspring der social production und intercourse (die Folge der gesellschaftlichen Produktion und des Verkehrs I.D.) sind, als *notwendig* gesetzt sind, um so höher ist der wirkliche Reichtum entwickelt. Der Reichtum besteht stofflich betrachtet nur in der Mannigfaltigkeit der Bedürfnisse.« Und weiter: »*Luxus* ist Gegensatz zum *Naturnotwendigen*. Notwendige Bedürfnisse sind die des Individuums, reduziert selbst auf ein Natursubjekt. Die Entwicklung der Industrie hebt diese Naturnotwendigkeit, wie jenen Luxus auf – in der bürgerlichen Gesellschaft allerdings nur *gegensätzlich*, indem sie selbst wieder nur bestimmten gesellschaftlichen Maßstab als den notwendigen gegenüber dem Luxus setzt.«[15]

Der Fortschritt der Technik und Technologie erweitert beständig die Vielfalt der Bedürfnisse, die ökonomische Möglichkeit schränkt ihre Befriedigung auf das gesellschaftlich *notwendige* (normale) Maß ein. Diese Reduktion auf ein gesellschaftliches Maß vollzieht sich im Zirkulationsprozeß objektiv in *jeder warenproduzierenden* Gesellschaft. Im *Kapitalismus* allerdings »gegensätzlich«, nämlich auf die *von den Verwertungsbedingungen des Kapitals bezogene Notwendigkeit*. Die Antwort auf die Frage, was gesellschaftlich notwendiger Aufwand ist, ist also verbunden mit einem bestimmten sozialen Standpunkt: dem Standpunkt des Kapitals oder dem Standpunkt der Interessen der arbeitenden Menschen.

Das »notwendige Produkt« für die Reproduktion der Arbeitskraft (der Teil v des Wertprodukts), das sich in der Gesamtsumme der Löhne und Gehälter in Geld ausdrückt, ist also in der kapitalistischen Gesellschaft »notwendig« für die Profitproduktion. Hier entspricht die »Notwendigkeit« der Ökonomie des Kapitals. Danach ergibt sich der (kapital)gesellschaftlich notwendige Aufwand zur Reproduktion der Arbeitskraft aus den Erfordernissen der kapitalistischen Produktion; daraus, welche Arbeitskräfte für die möglichst effiziente Profit-Produktion benötigt werden, wie sie dafür qualifiziert sein müssen und was sie *zu* ihrer Reproduktion brauchen. Wird höhere Qualifikation benötigt, sind auch die Reproduktionskosten höher. Der Lohn steigt in der Tendenz. Das spezifische Interesse des kapitalistischen Unternehmers zwingt ihn jedoch dazu, die Löhne, die *für ihn Kosten* sind, stets so niedrig wie möglich zu halten. Der relative Anteil der abhängig Beschäftigten am produzierten Reichtum wird daher trotz tendenziell steigendem Lohn immer geringer, wie im Kapitel 2 bereits gezeigt wurde.

Natürlich macht sich kein kapitalistisches Unternehmen die Mühe, etwa die wirklichen Reproduktionskosten der Arbeiter zu berechnen. Nur das Wertgesetz (nur gleiche Werte tauschen sich aus) zwingt das Unternehmen dazu, den Lohn in der Höhe der gesellschaftlich notwendigen Reproduktionskosten zu bezahlen, denn es muß ein Äquivalenten-Austausch stattfinden – oder der Austausch kommt nicht zustande.

Der gesellschaftlich notwendige Aufwand zur Reproduktion der Arbeitskraft (Wertgröße) bezieht sich also auf die Menge der abstrakten Arbeit, die in die Arbeitskraft eingeht und die sich in einer bestimmten Geldmenge (Lohn) ausdrückt. Die Frage, welche konkreten Produkte der Arbeiter für diese Geldmenge wirklich kaufen kann, hängt einerseits von den Preisen, Mieten und Abgaben, andererseits von seinen individuellen Bedürfnissen ab. Die Höhe des Lohnes entscheidet darüber, ob der einzelne Arbeiter die moderne Waschmaschine, das Auto usw. heute oder erst in einem oder mehreren Monaten bzw. Jahren kaufen kann. Auf dem »Umweg« über das Geld nimmt so das Wertgesetz eine Verteilung der konkreten Produkte auf die Individuen vor, die keine noch so genial arbeitende Verwaltung bewerkstelligen könnte.

Dabei kommt die *Wertgröße* der Arbeitskraft nicht so sehr im Tariflohn, einer Brutto-Geldmenge, zum Ausdruck, sondern vielmehr im *Reallohn*, der ein durch die Preisbewegungen und durch die über den Staat regulierten Steuern und Sozialabgaben sowie Teile der Sozialtransfers *bereinigter* Lohn ist. Im kapitalistischen Wirtschaftssystem wird der Reallohn durch die Umverteilungsmechanismen zur Manövriermasse des Kapitals, zur »Restgröße«, die vom produzierten Gesamtwert »übrigbleibt«, die *abhängige Variable*. »Die Wertbestimmung der Arbeitskraft stellt somit den ›Freiheitsgrad‹ des Gesamtsystems dar.«[16]

Stellen wir uns dagegen ein Gesellschaftssystem vor, in dem *nicht* die Kapitalverwertung, sondern die Entwicklung der Menschen Ausgangspunkt und Ziel der gesellschaftlichen Produktion sind, dann ist die Notwendigkeit des ökonomischen Umgangs mit den Ressourcen in einem solchen System natürlich nicht aufgehoben. Die Arbeitskraft bleibt in die ökonomischen Beziehungen unmittelbar einbezogen. Mehr noch: Sie wird zur »Zielgröße«, ihre Entwicklung zum Motiv der Produktion. Als Wertform ist sie über die Reproduktionskosten annähernd plan- und berechenbar.

Ist die Arbeitskraft und ihre Reproduktion *nun Ausgangsgröße* des gesamten Reproduktionsprozesses, so kann man der Wirkung des Wertgesetzes sozusagen »zuvorkommen« und von vornherein die realen Kosten für die Reproduktion der Arbeitskraft auf der Grundlage der gegebenen Preise der Produkte berechnen. *Insofern* könnten die wirklichen Reproduktionskosten der Arbeitskraft genauer bestimmt werden, als das im kapitalistischen System möglich ist. Der Umverteilungsmechanismus könnte eingeschränkt, rationalisiert werden, so daß der Lohn gleich Reallohn sein und praktisch eine *unabhängige Variable* darstellen könnte. Allerdings bleiben auch in einer von den gesellschaftlichen Reproduktionsbedürfnissen der Menschen ausgehenden Gesellschaft die individuellen Bedürfnisse außerordentlich vielfältig und werden sich wahrscheinlich noch weiter ausdifferenzieren. Die Verteilung der konkreten, vielfältigen Produkte entsprechend den individuellen Bedürfnissen ist also auch hier nur über den »Umweg« des Geldes möglich, womit die Wirkung des Wertgesetzes auch weiterhin in Kraft bleibt.

Auch in einer solchen Gesellschaft sind die errechneten Kosten für die Reproduktion der Arbeitskraft allerdings immer nur eine an den Wert *angenäherte* Größe, und es stellt sich erst im nachhinein heraus, ob die »Vorausberechnungen« der Reproduktionskosten dem Wert der Arbeitskraft entsprochen haben. Der Anteil des Individuums am Gesamtprodukt bleibt damit auch weiterhin insofern variabel, als die gesellschaftlichen Entscheidungen ständig neu überprüft und ggf. korrigiert werden müssen und alle Entscheidungen nur als Konsens widerstreitender Interessengruppen denkbar sind. Schließlich bleibt die Wirtschaft insgesamt ein lebendiger, beweglicher Körper, in welchem sich der eine Zweig oder Bereich anders entwickelt, als ein anderer Zweig oder Bereich. Der Lohn bleibt deshalb in einem gesellschaftlich bestimmten Rahmen variabel, aber es handelt sich dann um eine unabhängige Variable, so daß dieser Anteil nicht mehr zu einer Restgröße zu verkommen braucht. Der »Freiheitsgrad« des Gesamtsystems wäre dann möglicherweise die Akkumulationsrate, d.h. das Tempo der materiell-technischen Entwicklung, das – vor allem im Interesse der natürlichen Lebensbedingungen – durchaus auch gebremst werden könnte.

Eine bewußte Abstimmung zwischen Produktion und Verbrauch wird immer eine »Gratwanderung« zwischen dem einerseits für die Erhaltung der natürlichen Lebensbedingungen unschädlichen Verbrauch an Ressourcen und der für die Menschen und ihre ständige weitere Entfaltung notwendigen Produktion sein. Der Maßstab des Wertes der Arbeitskraft, bewußt genutzt über die Planung der Reproduktionskosten, ist für eine solche Steuerung unverzichtbar.

Das gilt auch allgemein für die Aufgabe, eine »gerechtere« Verteilung durchzusetzen. Mehr »Gerechtigkeit« erfordert einen auf alle (arbeitsfähigen) Mitglieder der Gesellschaft anzuwendenden einheitlichen Maßstab, der gleichzeitig differenziert nach der erreichten und eingesetzten Qualifikation der Arbeitskraft anzuwenden ist. »Sozialismus ist nicht ›entschiedener Egalitarismus‹, sondern die erfolgreiche Organisation der gesellschaftlichen Arbeit, die eine *ungleiche Verteilung* des materiellen, sozialen und kulturellen Reichtums *auf ungleiche Individuen* möglich macht, ohne daß damit soziale Diskriminierungen und Ausgrenzungen verbunden sind.«[17] Diese Aufgabe ist jedoch nicht mit einem »Recht auf Ungleichheit für alle Individuen« (die Individuen sind auch ohne solches Recht ungleich) zu lösen, sondern nur mit Hilfe eines auf alle diese ungleichen Individuen anzuwendenden *gleichen Maßstabes*; also eines einheitlichen Maßstabes, nach welchem *differenziert werden kann*. Dieser einheitliche Maßstab ist der Wertmaßstab.

4. Die Praxis der Bewertung der Arbeitskraft mittels der Tarife

Die spontane Wirkung des Wertgesetzes hat zur Folge, daß sich in der kapitalistischen Gesellschaft der Wert der Arbeitskraft – besonders in den produktiven Bereichen – in den gegebenen Durchschnittslöhnen und ihren Differenzierungen annähernd ausdrückt. Dieses objektive und versteckte Wertverhältnis hat den – für die Kapitalverwertung! – gesellschaftlich notwendigen Aufwand hinter unserem Rücken bereits bestimmt. Die Tariftabellen drücken – wenn auch ungenau – annähernd den Wert der Arbeitskraft aus. Die verschiedenen Stufen der Tarife beruhen auf den unterschiedlichen Anforderungen an Qualifikation und Verantwortung der Arbeitskräfte jeder Berufsgruppe und erkennen damit die unterschiedlichen Kompliziertheitsgrade der in der Arbeitskraft vergegenständlichten Arbeit an.

So hat die *gesellschaftliche Praxis* sozusagen *zwei Skalen hervorgebracht*:

■ *Erstens:* die differenzierten Arbeitsanforderungen, denen die jeweilige Arbeitskraft mit ihrer spezifischen Qualifikation entsprechen muß und die in den Eingruppierungsrichtlinien zum Ausdruck kommen.

■ *Zweitens:* die ebenso differenzierten Lohnsummen bzw. Lohnspannen, welche objektiv auf den Kosten für die Reproduktion der Arbeitskraft mit dem spezifischen Qualifikationsniveau beruhen. Damit wird – bewußt oder unbewußt – eine Bewertung der differenzierten Arbeitskraft nach dem Wertmaßstab – ausgedrückt in den differenzierten Reproduktionskosten – sanktioniert. Dabei darf nicht vergessen werden, daß die Lohnentwicklung natürlich nicht den Wert der Arbeitskraft »in reiner Form« ausdrückt, sondern immer nur die *Annäherung* an den Wert.

Mit der Festlegung des Lohnes wird allerdings auch der volle Einsatz dieser so bewerteten Arbeitskraft und eine ganz bestimmte normative Leistung *vorausgesetzt*. Die eingesetzte Arbeitskraft erhält mit dem Lohn die Mittel zur Reproduktion gerade der erforderlichen Fähigkeiten, Kenntnisse, Kräfte usw., die für den bestimmten Arbeitsplatz gebraucht werden.Es wird dabei allerdings unterstellt, daß die vorhandene Qualifikation der Arbeitskraft mit der erforderlichen Qualifikation übereinstimmt.

Real zeigen sich allerdings erhebliche Diskrepanzen zwischen dem entsprechend der Nachfrage erforderlichen und dem tatsächlich vorhandenen Arbeitskräftepotential, also beispielsweise zwischen dem Ausbildungssystem und dem realen Beschäftigungssystem. Ausgebildete Facharbeiter müssen nach abgeschlossener Lehre infolge Fehlsteuerung der Berufsausbildung als ungelernte Arbeiter tätig sein. Die wissenschaftlich-technische Entwicklung der Produktion erfordert und fördert massenhaft höhere Qualifikation der Arbeitskräfte, die einhergeht mit Entwertung traditioneller Berufe und Entwicklung neuer Berufe. Dies wird subjektiv jedoch erst im nachhinein wahrgenommen, so daß die höhere wertschaffende Potenz vieler Arbeitskräfte nicht anerkannt wird. Diese Arbeitskräfte werden vielmehr faktisch »entwertet«, was nicht nur für den einzelnen Lohnabhängigen, sondern auch für die Gesellschaft einen Verlust bedeutet.[18] »Nur wenn es gelingt, die makroökonomische Diskrepanz zwischen Bildungswesen und Beschäftigungssystem abzubauen, kann die Weiterbildung sich mehr auf ihre eigentliche Aufgabe konzentrieren, die Qualität des Humankapitals zu erhöhen und es vor einer schnellen Veralterung zu bewahren... Die Entwertung vorhandener Qualifikationen und Technologien ist in Zeiten des Paradigma-Wechsels eine große Gefahr für die Unternehmen sowie für die gesamte Volkswirtschaft.«[19]

Auch die Proportionen zwischen den Arbeitseinkommen für die unterschiedlich qualifizierten Arbeitskräfte werden wertmäßig erst mit Verzögerung den Erfordernissen der Produktion »angepaßt«, so daß sich auch hieraus Abweichungen vom Wert der Arbeitskraft ergeben. So stellt z.B. H. Maier fest, daß von 1974 bis 1989 »die Einkommensdifferenz zwischen den Facharbeitern und den Akademikern gleichgeblieben« ist; die Akademiker verdienen in dieser ganzen Zeit fast doppelt so viel wie die Facharbeiter. »Die Spitzenverdiener der männlichen Facharbeiter (erreichen) nicht einmal die am schlechtesten verdienenden Akademiker.«[20] Während man bei den Einkommen der Akademiker möglicherweise davon ausgehen kann, daß hier ein bestimmter »Sättigungsgrad« erreicht ist – sowohl im Sinne der notwendigen Reproduktionskosten des einzelnen Akademikers als auch im Sinne des Bedarfs an Akademikern von seiten der Wirtschaft –, zeigt sich im Facharbeiterbereich ein Zurückbleiben in der »Herausbildung von Schlüsselqualifikationen in der Informations- und Kommunikationstechnik«, welches durch forcierte Weiterbildung aufgeholt werden muß, »um somit die wertschaffende Potenz der Facharbeiter überdurchschnittlich zu erhöhen«.[21]

Trotz dieser und anderer Widersprüchlichkeiten und »Verzerrungen« des realen Wertes der Arbeitskraft wird derselbe m.E. in den Tariftabellen der verschiedenen Branchen tatsächlich annähernd widergespiegelt, wobei nicht vergessen werden darf, daß die Größe des Wertes der Arbeitskraft auch tatsächlich immer ein Ausdruck des politischen Kräfteverhältnisses ist.

5. Der Reduktionsprozeß

Will man sich dem Wert der Arbeitskraft bewußt annähern, so darf man den Doppelcharakter der Arbeit nicht aus den Augen verlieren und die Tatsache, daß auch die Arbeitskraft Träger von abstrakter und konkreter Arbeit ist. Die differenzierte Wertgröße der Arbeitskraft steht also im untrennbaren Zusammenhang mit dem unterschiedlichen Gebrauchswert, ihren konkreten Fähigkeiten.

Die Reduktion des tatsächlichen (betrieblichen bzw. individuellen) auf den gesellschaftlich notwendigen Aufwand zur Reproduktion der Arbeitskraft, welche das Wertgesetz *unter der Oberfläche* des Austauschprozesses vollzieht, verschafft praktisch immer wieder dem gesellschaftlichen Durchschnitt Geltung. Es handelt sich hier jedoch nicht um den einfachen Durchschnitt, sondern um eine Abstufung durchschnittlicher Aufwände, welche die Wertstruktur des gesellschaftlichen Gesamtarbeiters widerspiegeln, die der Gebrauchswertstruktur (Qualifikationsstruktur) analog ist.

Der Reduktionsvorgang auf den gesellschaftlich notwendigen Aufwand kann sich deshalb nur in der Weise vollziehen, daß im Rahmen dieser ersten Reduktion gleichzeitig eine zweite Reduktion, nämlich die von komplizierter auf einfache Arbeit stattfindet. Wenn also z.B. der Wert einer Arbeitskraft für einfache gesellschaftliche Durchschnittsarbeit (eine Arbeit ohne besondere Ausbildung) gleich 1 ist, so könnte beispielsweise der Wert der Arbeitskraft eines Ingenieurs, die zu ihrer Heranbildung und Erhaltung etwa doppelt so viel Aufwand an (abstrakter) Arbeit erfordert hat, gleich 2 sein. Diese komplizierte Wertstruktur bildet sich – wie gesagt – hinter dem Rücken der Akteure heraus.

Der Ausgangspunkt des Wertmechanismus, auf den sich im Austauschprozeß alle in der Ware und in der Arbeitskraft vergegenständlichte Arbeit immer wieder beziehen muß, ist die einfache gesellschaftliche Durchschnittsarbeit. Marx sagt dazu: »Die *einfache Durchschnittsarbeit* selbst wechselt zwar in den verschiednen Ländern und Kulturepochen ihren Charakter, ist aber in einer vorhandnen Gesellschaft gegeben. Kompliziertere Arbeit gilt nur als potenzierte oder vielmehr *multiplizierte* einfache Arbeit, so daß ein kleineres Quantum komplizierter gleich einem größeren Quantum einfacher Arbeit. Daß diese Reduktion beständig vorgeht, zeigt die Erfahrung.« Die »Mühe der Reduktion« hat sich Marx ganz bewußt »erspart«.[22] Für das Vorhaben, den Wertmechanismus für eine bewußte Gestaltung gerechter Verteilungsverhältnisse zu nutzen, stellt sich nun die Frage, ob wir uns ebenfalls die »Mühe der Reduktion« ersparen können.

Es gibt Versuche, diesen Reduktionsvorgang nachzuvollziehen. So hat Harry Maier bereits 1972 für die DDR-Wirtschaft auf der Grundlage realer Reproduktionskosten versucht, die »Reduktions-Koeffizienten« für die einzelnen Qualifikationsstufen zu ermitteln und so die »Entwicklung des Kompliziertheitsgrades der Arbeit« zu erfassen. Er errechnete auf diese Weise einen *durchschnittlichen* »volkswirtschaftlichen Reduktionskoeffizienten« und seine Erhöhung von 1,30 im Jahre 1958 auf 1,36 im Jahre 1964; »d.h. die wertschaffende Potenz der Erwerbstätigen erhöhte sich auf Grund des gestiegenen Bildungsniveaus in diesen Jahren um 4,6%«.[23] (s. Anlage 3)

Die gegenüber der BRD kleinere DDR mit ihrer einheitlich gesteuerten Wirtschaft war für derartige Analysen, Berechnungen und Modelle sehr gut geeignet. Die sehr komplizierte Struktur der BRD-Wirtschaft dagegen dürfte derartige Berechnungen, wenn überhaupt, nur mit einem unvertretbar hohen Arbeitsaufwand möglich machen. Zudem sind die heranzuziehenden Größen durch mannigfaltige Einflüsse verzerrt, so daß die Zweckmäßigkeit solcher Versuche sehr fragwürdig erscheint. Das mag wohl auch der Grund sein, weshalb H. Maier in seinem 1994 erschienenen Buch die seinerzeitigen Berechnungen aus der DDR zur Illustration seiner Darlegungen zum Kompliziertheitsgrad der Arbeit verwendet. Mit Recht warnt H. Maier vor einer Überbewertung der Schlußfolgerungen aus seiner Berechnung.

Obwohl der differenzierte Aufwand zur Reproduktion der unterschiedlich qualifizierten Arbeitskraft in Form von Reproduktionskosten mittels statistischer Daten also durchaus ermittelt werden kann, halte ich es *nicht* für sinnvoll, den mit dem Wertbildungsprozeß der Arbeitskraft objektiv stattfindenden Reduktionsprozeß subjektiv *nachvollziehen* zu wollen, da der Wert als gesellschaftliches Verhältnis sich eben *nur als Resultat* der Austauschbeziehungen durchsetzt. Meine Vorstellung geht in die entgegengesetzte Richtung: Von der Bezugsbasis des Wertes, der *einfachen Arbeit ausgehend* auf den Kompliziertheitsgrad zu schließen

6. Aggregieren statt reduzieren

Anstatt den Reduktionsvorgang von komplizierter auf einfache Arbeit, den das Wertgesetz objektiv vollzieht, *nachvollziehen* zu wollen, wäre für eine bewußte Gestaltung der Verteilung unter Ausnutzung des Wertzusammenhanges nach meiner Vorstellung zunächst der notwendige Aufwand für die Reproduktion einer Arbeitskraft für einfache gesellschaftliche Durchschnittsarbeit auf der Grundlage *realer* Berechnungen zu *postulieren*. Damit würde gleichzeitig eine *Ausgangsbedingung für das Wertgesetz gesetzt*. Der Aufwand für die verschiedenen Kompliziertheitsgrade der Arbeit könnte der real erforderlichen Qualifikationsstruktur entsprechend *aggregiert* werden. Das Problem der praktischen Gestaltung dieser Aggregation ist m.E. nicht so schwierig wie die oben erwähnte Reduktion, wenn man vorhandene Erkenntnisse und Erfahrungen nutzt. Damit könnte man sich die »Mühe der Reduktion« tatsächlich ersparen.

Hat der ermittelte »Wert« (Kosten) für die Reproduktion einer einfachen Arbeitskraft (ungelernte Arbeit) den Koeffizienten 1, so könnte er für die nächste Stufe (angelernte Arbeit) etwa 1,2 sein usw. Auf der Grundlage von Aufwandsberechnungen für die Aus- und Weiterbildung der wichtigsten Qualifikationsstufen, auch für die von Hochschulabsolventen u.a., kann die Staffelung nach oben mittels *»Aggregationskoeffizienten«* fortgesetzt werden. Dem Koeffizienten 1, der einfachen gesellschaftlichen Durchschnittsarbeit, entspricht die unterste Lohnstufe. Ihre Festlegung ist allerdings nicht nur von den Kosten, sondern auch vom »Anspruchsniveau« der arbeitenden Menschen abhängig.

Wie alle ökonomischen Verhältnisse ist also auch die »Bewertung« der Arbeitskraft nicht ohne subjektive Entscheidungen möglich, z.B. auch zur Postulierung einer Obergrenze der notwendigen Reproduktionskosten, d.h. gleichzeitig eine Abgrenzung zum Luxus. Die *Praxis* muß im nachhinein erweisen, wieweit das subjektiv ermittelte Postulat der notwendigen Reproduktionskosten sich der objektiven Wertgröße wirklich angenähert hat. Gibt es größere Störungen im Reproduktionsprozeß der Arbeitskräfte, müssen durch das handelnde Subjekt (z.B. die zuständigen, demokratisch gewählten staatlichen Organe) die Ursachen ermittelt und Korrekturen vorgenommen werden. Und das wird in regelmäßigen Zeitabständen immer wieder nötig sein. Auf diese Weise kann in einem längeren Zeitabschnitt eine Skala des gesellschaftlich notwendigen Aufwandes (in der Form der Reproduktionskosten) entwickelt werden, die der differenzierten objektiven Wertstruktur allmählich immer weiter angenähert sein *könnte*.

Gegenüber der Methode des Nachvolllziehens der Reduktion hat m.E. das Postulieren der einheitlichen Bezugsbasis für diese objektive Reduktion den Vorteil, daß damit das Wertverhältnis nicht dem Selbstlauf überlassen wird, sondern das »Anspruchsniveau« der Arbeiter bewußt als eine Bedingung der Wirkungsweise des Wertgesetzes gesetzt wird.

So wie heute also die Tarifstruktur im wesentlichen auf der Qualifikationsstruktur aufgebaut ist, wären auch für eine bewußte Gestaltung der Verteilungsverhältnisse auf der Grundlage des Wertes der Arbeitskraft sozusagen zwei »Skalen« nötig, welche die gebrauchswertmäßige und wertmäßige Struktur der erforderlichen Arbeitskraft einer bestimmten Produktions- bzw. Wirtschaftseinheit widerspiegeln (s. Anlage 4).

Die erste Skala gliedert die für die Produktion (oder für die Dienstleistungen) erforderlichen Arbeitskräfte entsprechend der differenzierten, notwendigen Qualifikation (in die noch weitere Kriterien wie Schwere der Arbeit, Verantwortung u.ä. involviert sein können). Die zweite Skala gliedert die Reproduktionskosten für die unterschiedlich qualifizierten Arbeitskräfte (Kosten für Bildung, Lebensmittel und Gebrauchsgüter), welche auf wirklichen Aufwandsrechnungen aufbauen können, und weist damit die Lohnhöhe aus (als ein Beispiel s. Anlage 5).

Dieses grob skizzierte Schema muß natürlich für die ganze Palette der Qualifikationsanforderungen differenziert werden. Dabei scheint es mir aber nicht notwendig, *jede* kleine, reale Differenz in den Anforderungen auch als differenzierte Reproduktionskosten anzuerkennen und lohnwirksam zu machen, da es nicht darum geht, mit kleinen Differenzen in der Entlohnung, die für die Reproduktion der Arbeitskraft in Wirklichkeit kaum eine Rolle spielen, die Beschäftigten »auseinanderzudifferenzieren«, sondern durch relativ einheitliche Einkommensgruppen die Solidarität eher zu stärken. Wirkliche, von allen Beteiligten anerkannte, besondere Belastungen einer Arbeitskraft können durchaus durch besondere – vielleicht zeitweilige – Zuschläge ausgeglichen werden.

Ob es unbedingt notwendig ist, daß eine Branche mehrere Tariftabellen benötigt, wie viele Tabellen überhaupt nötig sind und wie viele Lohnstufen eine Tariftabelle enthalten sollte, muß die Praxis erweisen. Eine alternative Einkommenspolitik kann möglicherweise mit relativ wenigen Abstufungen in der Skala der Qualifikation und den entsprechenden Stufen im Tarifsystem auskommen. Die Beschränkung der Zahl der Tariftabellen, der Qualifikationsabstufungen und der entsprechenden Lohnsätze auf das unbedingt notwendige Maß ermöglicht dem einzelnen Menschen die bessere Übersicht über die Einkommensverhältnisse und entspricht damit einem notwendigen demokratischen Prinzip, nämlich das der Überschaubarkeit der Verteilungsverhältnisse, wobei die festgelegten Tariflöhne möglichst Reallöhne sein sollten.

7. Die einfache Arbeit als Bezugsbasis der unterschiedlichen Reproduktionskosten

Wie bereits im vorigen Kapitel erwähnt, hat Marx dem Begriff »einfache Arbeit« einen zweifachen Sinn gegeben, indem er sie einerseits als Erscheinungsform der abstrakten Arbeit behandelte (die abstrakte Arbeit »existiert« als einfache Arbeit) und andererseits den Begriff der einfachen Arbeit auch im Sinne von unqualifizierter Arbeit benutzt. Damit ist sie die Bezugsbasis sowohl für die abstrakte, komplizierte Arbeit als auch für die konkrete, unterschiedlich qualifizierte Arbeit.

Um diese doppelte Bedeutung des Begriffs der einfachen Arbeit aufzulösen und Verwechslungen zu vermeiden, haben Arbeitswissenschaftler der DDR seinerzeit zur Bezeichnung der einfachen Arbeit im Sinne der konkreten, unqualifizierten Arbeit mit dem Begriff der »elementaren« Arbeit operiert.[24] Im folgenden übernehme ich diese Terminologie.

Die einfache bzw. elementare Arbeit ist nun als dynamische Größe aufzufassen. »...die gesellschaftlich notwendige Arbeitszeit (unterstellt) ein jeweils gegebenes Qualitätsniveau der abstrakt menschlichen Arbeit im Sinne eines Maßes für die von Marx so genannte ›einfache Durchschnittsarbeit‹. Sie bezeichnet ein Komplexitätsniveau der Arbeitsverausgabung, welches mit den durchschnittlichen Ausbildungs- und Qualifizierungsprozessen in einer gegebenen Gesellschaft zu einem gegebenen Zeitpunkt erzielt wird. Dieses Niveau der einfachen Arbeit wechselt nicht nur im Zeitablauf, sondern bildet zu jedem Zeitpunkt eine Maßeinheit, von der Arbeiten höherer Komplexität bzw. mit höherer Qualifikation abweichen.«[25]

Einfache und komplizierte Arbeit ist also immer an einen konkreten Entwicklungsstand der gesellschaftlichen Produktion gebunden. Mit der wissenschaftlich-technischen Entwicklung verändert sich ihr Niveau. Früher hochkomplizierte Tätigkeiten sind heute einfache Arbeiten und von einem Menschen mit normaler Schulbildung ohne besondere Ausbildung auszuführen. Es ist also nicht so, daß die einfache Arbeit immer komplizierter wird, sondern mit dem Niveau der gesellschaftlichen Produktion entwickelt sich auch das *Niveau* der einfachen Arbeit. Die Relation der komplizierten zur einfachen Arbeit kann dabei durchaus gleich bleiben.

Im Sinne der konkreten Arbeit handelt es sich also um *elementare* Arbeit mit einem *konkreten Niveau.* Zum Beispiel könnte man gegenwärtig davon ausgehen, daß ein Schulabgänger der 9. bzw. 10. Klasse ohne weitere besondere Ausbildung einfache Arbeit verrichten kann. Im Sinne der abstrakten Arbeit ist die einfache Arbeit die Bezugsbasis für den gesellschaftlich notwendigen Arbeitsaufwand zur Reproduktion von Arbeitskraft unterschiedlichen Kompliziertheitsgrades (komplizierte Arbeit ist multiplizierte einfache Arbeit).

Die oben entwickelte erste Skala gliedert mit der Festlegung der Arbeitsanforderungen den *Gebrauchswert* der Arbeitskraft, d.h. die in die erforderliche Arbeitskraft eingehende konkrete Arbeit, und zwar von der elementaren bis zur hochqualifizierten Arbeit, z.B. die konkrete Art und Menge der erforderlichen Ausbildung für einen konkreten Arbeitsplatz.

Die zweite Skala gliedert den Wert der Arbeitskraft, d.h. die in die erforderliche Arbeitskraft eingehende abstrakte Arbeit, und zwar von der einfachen bis zur komplizierten Arbeit, anhand der *Kosten* für die jeweilige Ausbildung plus Lebenshaltungskosten.

Mit elementarer (konkreter) Arbeit wird also das Pendant der einfachen (abstrakten) Arbeit bezeichnet, wie qualifizierte (konkrete) Arbeit das Pendant der komplizierten (abstrakten) Arbeit ist. *Elementare und qualifizierte* Arbeit sind Kategorien des konkreten *Arbeitsprozesses*, also hier der konkreten Arbeit zur Reproduktion einer Arbeitskraft. Im Unterschied dazu sind *einfache und komplizierte* Arbeit Kategorien des *Wertbildungsprozesses*, betreffen also die in die Arbeitskraft eingehende abstrakte Arbeit. Im Wertbildungsprozeß findet bekanntlich die reale, sich aber unter der Oberfläche vollziehende Reduktion auf die gesellschaftlich notwendige Menge an abstrakter Arbeit statt.

Dieser Zusammenhang macht deutlich, daß die von mir für möglich gehaltene bewußte »Postulierung« der dem Wert angenäherten Reproduktionskosten natürlich von dem sich real, aber unter der Oberfläche durchsetzenden Wertgesetz beständig korrigiert wird. Eine mögliche bewußte »Planung« der gebrauchswertmäßigen und wertmäßigen Reproduktion der Arbeitskraft setzt also die objektive Wirkung des Wertgesetzes nicht außer Kraft. Bei erheblichen Abweichungen des individuellen (geplanten) vom wirklichen gesellschaftlich notwendigen Aufwand zur Reproduktion der Arbeitskraft müssen Spannungen, Konflikte oder Störungen im Reproduktionsprozeß auftreten, wodurch *spürbar* wird, daß sich hinter den geplanten Proportionen eine andere Tendenz, nämlich der Wert, objektiv durchsetzt.

Aus diesen Gründen ist es unerläßlich, alle getroffenen subjektiven Entscheidungen in einem bestimmten zeitlichen Abstand (etwa alle fünf Jahre) einer kritischen, an den objektiven Resultaten gemessenen Prüfung zu unterziehen. Ich sehe in dieser *ständigen Kontrolle und notwendigen Korrektur* subjektiver, auch ganz demokratischer und auf wissenschaftlicher Grundlage basierender Entscheidungen keinen vorübergehenden »Notbehelf«, sondern ein *Prinzip* der demokratischen Gestaltung gesellschaftlicher Verhältnisse im Sinne einer Ökonomie der gesellschaftlichen Arbeit, welche die objektiven Gesetzmäßigkeiten der Warenproduktion, des Marktes, des Äquivalentenaustauschs usw. nicht außer Kraft setzen, aber für ihre Zwecke nutzen kann.

8. Neue Aufgaben der Arbeitswissenschaft

In einer alternativen Gesellschaft hat die Arbeitswissenschaft ihre wirklich positive Aufgabe. Die von ihr ermittelten Arbeitsanforderungen können nun eine wirkliche Grundlage sein, vor allem zur Ermittlung der erforderlichen Qualifikation der für die Arbeitsaufgabe zuständigen Arbeitskraft. Unter Nutzung der sowohl in der BRD vorliegenden Erfahrungen als auch der erwähnten Ansätze aus der DDR können die verschiedenen Qualifikationsstufen in eine hierarchische Ordnung gebracht werden, und zwar nach einheitlichen Kriterien.

Für jede einzelne Qualifikationsstufe sind die notwendigen Reproduktionskosten zu errechnen, um damit gesellschaftliche Entscheidungen vorzubereiten, z.B. über die Höhe des notwendigen Produkts, über die notwendige Anzahl der Tariftabellen, über die oberste und unterste Grenze der gesellschaftlich anzuerkennenden Reproduktionskosten, über die Größe des Aggregationskoeffizienten u.a. Diese gesellschaftlichen Entscheidungen sind dann Grundlagen der Staffelung der individuellen Arbeitseinkommen. Damit würde das gesellschaftliche *Arbeitsvermögen* nach einem *einheitlichen Maßstab* »bewertet«.

Im 2. Kapitel konnte zu der dort kritisch betrachteten »Arbeitsbewertung« festgestellt werden, daß sie infolge der Schwierigkeit bzw. Unmöglichkeit, »Arbeit« oder »Leistung« zu messen, vor allem die differenzierten Arbeitsanforderungen ermittelt und damit reale Grundlagen für die Differenzierung der tariflichen Lohn- und Gehaltsstufen schafft. Das, was dort als »notgedrungener Ausweg« erschien, muß bei einer Einkommensdifferenzierung nach den Reproduktionskosten der Arbeits*kraft* der erklärte Ausgangspunkt für die Arbeitswissenschaft sein. Nicht imaginäre »Arbeitswerte«, sondern reale Qualifikationsanforderungen müssen Grundlage der Lohndifferenzierung sein. Durch bewußte Aufgabe des irrealen Zieles, Arbeit mit der Arbeit bzw. Leistung messen zu wollen, kann die Bestimmung der realen Arbeitsanforderungen und die Berechnung der notwendigen Reproduktionskosten für die solchen Anforderungen entsprechenden Arbeitskräfte zur offiziellen Aufgabe der Arbeitswissenschaft werden. In der Praxis zeigt sich also bereits eine Richtung, die schon heute eingeschlagen werden könnte, wenn die ideologisch bedingte und der Verschleierung der wirklichen Verhältnisse dienende angebliche »Bewertung der Arbeit« bzw. der »Leistung« als eine untaugliche »Grundlage« des Einkommens erkannt und statt dessen wirklich die Arbeits*kraft* bewertet würde.

Am zweckmäßigsten können »Berechnungen« der Reproduktionskosten zunächst von den Verhältnissen in den produktiven Bereichen ausgehen. Es liegt aber durchaus die Möglichkeit nahe, daß diese ermittelten Reproduktionskosten weitgehend als Maßstab für alle gesellschaftlichen Bereiche verallgemeinert werden können. Ein überschaubares, offenes System der Bewertung der Arbeitskraft kann gleichzeitig für die zunehmende Masse der Selbständigen, für Gewerbetreibende u.a. nicht abhängige Beschäftigte eine Orientierung sein, an der sie die Effizienz ihrer Tätigkeit messen können. Schließlich stehen auch einer Internationalisierung des bewußten Umganges mit dem Wertmaßstab keine unüberwindlichen Barrieren entgegen. Der Prüfstein für die Richtigkeit aller Berechnungen wird natürlich immer wieder und überall die Praxis sein.

Es ging mir nicht darum, hier etwa ein ausgearbeitetes Schema vorzulegen, das es in perfekter Form ohnehin nicht geben kann, sondern nur die prinzipielle Möglichkeit zu zeigen, den objektiven Prozeß der Wirkung des Wertgesetzes in bezug auf die Arbeitskraft – wahrgenommen über die Reproduktionskosten der Arbeitskraft – subjektiv zu erfassen und in einem bestimmten Rahmen auch planmäßig zu gestalten.

Schlußbemerkungen

1. Möglichkeit der bewußten Einflußnahme auf den Wert der Arbeitskraft

Die spontane Wirkung des Wertmechanismus in einer vom Kapital dominierten Produktionsweise erweckt den Eindruck, daß es unmöglich sei, durch gesellschaftliche Steuerung darauf Einfluß zu nehmen. Doch die ökonomischen Verhältnisse sind nicht »von Gott gegeben«, sie sind Ergebnisse des menschlichen Handelns auf der Grundlage widerstreitender Interessen. Und das Wertverhältnis vollzieht sich nicht im luftleeren Raum und nicht außerhalb des ökonomischen Zusammenhangs.

Wenn der Wert den faktischen Aufwand immer wieder auf den gesellschaftlich notwendigen reduziert, also einen in bestimmter Weise strukturierten, »ideellen Durchschnitt« reflektiert, so muß sich dieser Durchschnitt auf ein bestimmtes Volumen beziehen. Das Wertgesetz kann also nur in einem ganz bestimmten ökonomischen Rahmen wirken. Analog der Marxschen Erkenntnis, daß die Summe aller Preise gleich der Summe aller Warenwerte ist, können wir für die Wertbestimmung der Arbeitskraft schlußfolgern, daß die Summe aller Arbeitslöhne (einschl. Gehälter) gleich der Summe aller Werte der individuellen und unterschiedlich qualifizierten Arbeitskräfte ist, soweit sie im Arbeitsprozeß eingesetzt sind. Diese Rechnung wird natürlich kaum »in reiner Form« nachzuvollziehen sein. Zumindestens aber für den produktiven Bereich gilt: Die Arbeitslöhne und Gehälter aller in diesem Bereich Beschäftigten zusammengenommen, also die *Gesamtheit des »notwendigen Produkts«*, bilden tatsächlich den Rahmen, in welchem das Wertgesetz in bezug auf die Arbeitskraft in diesem Bereich wirken kann. Daß diese Wirkung durch andere Bereiche beeinflußt wird, ändert nichts am Prinzip.

Das Interesse der Kapitaleigentümer als Gesamtheit besteht darin, diesen Rahmen für den Wert der Arbeitskraft möglichst einzuschränken; das Interesse der lohnabhängig Beschäftigten dagegen besteht darin, ihn auszuweiten. Gelänge es also, das Interesse der Kapitaleigentümer zurückzudrängen, wäre es theoretisch möglich, das Volumen der Einkommen der lohnabhängig Beschäftigten auszuweiten. Da aber eine allgemeine weitere Ausdehnung des Konsums die Lebensbedingungen der Menschen erst recht gefährden dürfte, könnte sich auch eine vom Interesse der gesamtgesellschaftlichen Entwicklung ausgehende Entscheidungsinstanz *nicht* einfach an den *theoretischen Möglichkeiten* orientieren, sondern wäre gezwungen, an individuellen Einkommen *praktisch* nur soviel zu verteilen, wie für die Reproduktion der Arbeitskraft gesellschaftlich *notwendig* und ökologisch vertretbar wäre, d.h. sie müßte sich – ob gewollt oder nicht – an der gesellschaftlichen *Notwendigkeit*, nämlich am Wert der Arbeitskraft, orientieren.

Natürlich ist es auch in einer nichtkapitalistischen, sagen wir: sozialistischen Warenproduktion unvermeidbar, daß so, wie die Preise um den Wert der Waren schwanken, auch die Löhne (und Gehälter) um den Wert der Arbeitskraft schwanken werden, solange die Menschen nach gleichen Werten austauschen müssen. Jedoch kann die Größe der Abweichungen vom Wert der Arbeitskraft m.E. dadurch beeinflußt und minimiert werden, daß auf der Grundlage der wirklichen, differenzierten Reproduktionskosten sozusagen eine Vorgabe des Maximums, des Minimums sowie des Aggregationskoeffizienten erfolgt. Eine möglichst bewußt und möglichst demokratisch erstrittene Entscheidung über die Höhe des notwendigen Produkts setzt zugleich die Bedingungen für das Wirken des Wertgesetzes, gibt ihm – bewußt oder unbewußt – den Wirkungsrahmen vor, innerhalb dessen sich der Wert der individuellen Arbeitskraft durchsetzen kann und auch muß.

Solche subjektiven gesellschaftlichen Entscheidungen können auch in einer nicht mehr vom Kapital dominierten Gesellschaft immer nur ein in der Auseinandersetzung erzielter Kompromiß sein, da unterschiedliche Interessen weiter bestehen, ja sogar neue, gegensätzliche Interessen zwischen den verschiedenen Klassen, Schichten und Gruppen entstehen können, die immer wieder aufs neue in Übereinstimmung gebracht werden müssen. Im Unterschied zur Beherrschung von natürlichen und technischen Prozessen *verhindern* diese unvermeidlichen Interessenwidersprüche eine *Perfektionierung* der Gestaltung *gesellschaftlicher* Verhältnisse. Das spricht aber nicht gegen ihre subjektive Beeinflussung, sondern fordert den menschlichen Geist immer wieder erneut heraus. Kompromisse zwecks Interessenausgleich sind daher auch in einer postkapitalistischen Gesellschaft nicht als Provisorium zu verstehen, sondern als die einzig denkbare Form der Entwicklung, nämlich als fortlaufende Lösung von ständig aufs neue auftretenden Widersprüchen. Kein theoretisches Modell kann deshalb für eine zukünftige Gesellschaft ein Rezept darstellen. Sie ist immer gezwungen, zwischen mehreren Möglichkeiten zu entscheiden, Risiken einzugehen und zu experimentieren.

Eine konkrete Utopie zeichnet sich m.E. nicht dadurch aus, daß sie die vielfältigen *Möglichkeiten* der gesellschaftlichen Entwicklung aufzählt, die alle denkbar sind, sondern daß sie die *Notwendigkeit* aufzeigt, die sich bei allen existierenden Möglichkeiten und im Kampf der unterschiedlichen Interessenwidersprüche letztlich mit hoher Wahrscheinlichkeit durchsetzen muß bzw. kann; die Notwendigkeit, daß die Menschen im großen und ganzen ihren materiellen Lebensprozeß sichern müssen, wobei sie auch bei allem technischen Fortschritt von der Natur abhängig bleiben.

Die globalen Gefahren machen deutlich, daß die gesellschaftliche Entwicklung, der Dominanz des Profitsystems und dem Selbstlauf des kapitalistischen Marktes überlassen, immer mehr in die Sackgasse gerät. Im Rahmen der spontan wirkenden Marktkräfte setzt sich auch das Wertgesetz im Interesse der Kapitalverwertung durch, und zwar auf allen Ebenen, auf der ganzen Linie, aber nicht, weil es für die Masse der arbeitenden Menschen eine »Schicksalsmacht« ist, sondern, weil alle gesellschaftlichen Entscheidungen letztlich von der Ökonomie des Kapitals geprägt sind. In diesen Mechanismus gilt es, durch bewußtes Handeln einzugreifen.

2. Die Reproduktionskosten der Arbeitskraft als Steuerungsinstrument

»Das Wertgesetz setzt sich nur in einem Set gesellschaftlicher Regulierungen durch, die für die Lohnabhängigen die Chance eröffnen, den Konstruktionsprinzipien der politischen Ökonomie des Kapitals eine politische Ökonomie der Arbeit zu implantieren. Alle Elemente einer Sozialismuskonzeption laufen vielmehr auf eine *bewußtere Gestaltung gesellschaftlicher Vermittlungszusammenhänge* hinaus. Dabei ist immer die ganze Palette von ökonomischen Regulierungen, staatlichen Eingriffen und Ausbau zivilgesellschaftlicher Strukturen mitzudenken. Jede dieser Formen besitzt ihre eigene Logik und kann auf die andere einwirken.«[1] In eine solche Sozialismuskonzeption kann der Wert der Arbeitskraft als ein wichtiges Steuerungsinstrument für die Verteilung der Ergebnisse der Produktion eingeordnet werden.

Gerade, wenn die Verrichtung der gesellschaftlich notwendigen Arbeit für das einzelne Mitglied der Gesellschaft in Zukunft wahrscheinlich nur einen relativ geringen Anteil seiner verfügbaren Zeit in Anspruch nimmt, wird ein einheitlicher, gerechter Maßstab der Verteilung immer dringender. Gerechtigkeit braucht Maßstäbe und daraus abgeleitete Normen. Das betrifft nicht nur die Länge der Arbeitszeit, sondern auch die gesellschaftlich anerkannten und festgelegten Reproduktionskosten für die differenzierten Qualifikationsstufen. Neben »Zeitkonten« für die variabel zu gestaltende Arbeitszeit[2] zählt eine Art »Normen-« bzw. »Tariftabelle« für die differenzierten Reproduktionskosten der Arbeitskraft unterschiedlicher Qualifikation, Mindest- und Höchstlohnsätze sowie die Koeffizienten, nach denen die unterschiedlichen Stufen der Qualifikation differenziert werden, zu den Steuerungsinstrumenten, die gesellschaftlich handhabbar, für jedes einzelne Mitglied der Gesellschaft durchschaubar und zugleich eine Orientierung für die eigene Lebensplanung sind. So kann beispielsweise auch die Bestimmung des »Aggregationskoeffizienten« unter breiter Mitwirkung der arbeitenden Menschen selbst erfolgen, denn seine Größe kann praktisch Einfluß ausüben auf einen gesellschaftlichen Prozeß der sozialen Annäherung (bei niedrigem Koeffizienten) oder auf einen Prozeß der weiteren Differenzierung (bei höherem Koeffizienten). Die möglichst breite Diskussion solcher Fragen würde gleichzeitig auch die ökonomische Bildung voranbringen.

Eine Vereinfachung und Transparenz des gesamten Tarifsystems wäre schon heute notwendig. Entgegen den Bestrebungen der Unternehmerverbände, durch

Sonderregelungen die Tarife »aufzulockern«, sollten bei notwendigen Flexibilisierungen der Arbeitszeit und des Arbeitseinkommens vor allem die Arbeitnehmerinteressen berücksichtigt und die tariflichen Regelungen nach möglichst einheitlichen Kriterien festgelegt werden. Die einzelnen ArbeitnehmerInnen müssen in die Lage gesetzt werden, das System der Arbeitseinkommen auch über ihren eigenen Arbeitsbereich hinaus erfassen und beurteilen zu können, um damit die Voraussetzungen für demokratische Mitwirkung und Einflußnahme zu verbessern.

Ein einfaches, überschaubares Tarifsystem erlangt besondere Bedeutung in solchen Bereichen, in denen die Kapitaldominanz durchbrochen werden kann. Das sind alternative Produktions- (und Reproduktions-)formen, welche sich vorerst nur *in Konkurrenz* zur kapitaldominierten Produktionsweise entwickeln können und müssen, z. B. Genossenschaften, kooperative Produktionsformen und vor allem der von linken Wissenschaftlern und Politikern in den letzten Jahren geforderte, zu schaffende und auszuweitende öffentliche Beschäftigungssektor, der nach gemeinnützigen Kriterien arbeiten soll.[3]

Keine alternative Produktionsform kann sich über die Wirkung objektiver Gesetze des Marktes, wie des Wertes, hinwegsetzen. So bringt z.B. eine genossenschaftliche, auf Gemeineigentum an den Produktionsmitteln gegründete Form der Arbeit bei arbeitsteiliger Produktion ihre Produkte (oder Dienstleistungen) als Waren hervor. Auch hier muß das einzelne Mitglied – bei Strafe seines Ausschlusses aus der Genossenschaft – seine Arbeitskraft in den gemeinschaftlichen Produktionsprozeß einbringen und kann einen Anteil am erzielten Ergebnis nur in der Höhe erhalten, die notwendig ist, um seine Arbeitskraft (einfach oder erweitert) reproduzieren zu können. Die der Genossenschaft nach Abführung von Steuern an den Staat verbleibenden Mittel aus dem Gewinn müssen zwangsläufig auch für soziale (z.B. für den Unterhalt nicht arbeitsfähiger Mitglieder) und kulturelle Aufgaben, aber besonders auch für Investitionen aufgewandt werden. Es ist nur natürlich, daß es bei der Verteilung zu Auseinandersetzungen zwischen den Genossenschaftsmitgliedern kommt, doch sind sie gezwungen, schließlich in allen Positionen einen Konsens zu finden. Dabei erweisen sich die Reproduktionskosten der Arbeitskraft als unentbehrliche Grundlage, welche Gleichheit und Differenziertheit vereint und in der Lage ist, die historisch mögliche Gerechtigkeit zu verwirklichen.

Für alle Produktionsformen, die weg von der Kapitaldominanz führen, wird der Wertmechanismus nicht etwa weniger bedeutend als bisher, sondern die Gesellschaft ist gezwungen, ihn als »Helfer« zu nutzen, d.h. sich die unentbehrlichen, in den Kategorien Wert, Geld, Ware usw. widergespiegelten Verhältnisse wirklich anzueignen und sie ihren eigenen Bedürfnissen unterzuordnen. Die Entwicklung der Menschen »zum Schlüssel einer neuen Zivilisation zu machen«, dafür »ist nicht der Markt abzuschaffen, den manche mit dem Kapitalismus zusammenwerfen. Aufzuarbeiten und zu fördern sind vielmehr *nichtkapi-*

talistische warenwirtschaftliche Kriterien, die auf maximales Freisetzen von Mitteln für die Entwicklung der Menschen abzielen.«[4] Gerade solche Kriterien beinhalten die Verteilungsnormen, wenn sie auf dem Wert der Arbeitskraft bzw. deren Reproduktionskosten beruhen.

Eine Orientierung am Wert der Arbeitskraft hat nichts zu tun mit dem *»Marktwert* des Menschen«, den die konservativ-liberale Regierungskoalition »berechnet«, um soziale Leistungen abzubauen, ein »Marktwert«, der nach Kapitallogik nur von Angebot und Nachfrage abgeleitet ist und gerade *dem Kapital weitere »Freiräume«* schaffen soll. Die notwendigen Reproduktionskosten der Arbeitskraft bleiben dabei gerade unberücksichtigt, so daß sie nicht mehr voll anerkannt werden und der hinter den Reproduktionskosten verborgene Wert der Arbeitskraft letztlich sinken muß bzw. nur im Kampf gegen die Kapitalinteressen aufrechterhalten werden kann. Gegen die der Kapitallogik entsprechende absolute Gleichsetzung der Arbeitskraft mit »jeder anderen Ware« müssen sich die arbeitenden Menschen mit aller Kraft wehren. Dazu bedarf es eines neuen Selbstbewußtseins, das sich von den Illusionen des »Leistungsprinzips« befreit hat und die Kenntnisse des ökonomischen Zusammenhangs der Arbeitskraft mit ihren Reproduktionskosten, der Reproduktionskosten mit ihrem Wert usw. voraussetzt.

Es hat oft den Anschein, als habe die Anerkennung des Wertes der Arbeitskraft für den Menschen eine seine Würde herabsetzende Bedeutung, denn er wurde und wird meistens schamhaft verschwiegen, als sei er etwas »Unmoralisches«. Seine Arbeitskraft an einem einheitlichen Maßstab, ihrem ökonomischen Wert zu messen, hat aber nichts Diskriminierendes an sich. Schon Marx stellte fest: »Es ist eine außerordentlich wohlfeile Sentimentalität, diese aus der Natur der Sache fließende Wertbestimmung der Arbeitskraft grob zu finden.«[5] Ist es nicht gerade im Gegenteil so, daß die speziell ausgebildete Arbeitskraft, ihr Qualifikationsniveau, auf welches sich der Wert beziehen muß und hinter dem doch vielfältige Fähigkeiten, Kenntnisse und Erfahrungen stehen, dem Menschen eine besondere Würde verleiht?

3. Arbeit und soziale Sicherheit für alle

In der Gegenwart rückt der Wert der Arbeitskraft und mit ihm die Reproduktionskosten als sein Geldausdruck in den Vordergrund der sozialen Auseinandersetzungen. Die Politik der neokonservativ-neoliberalen Regierungskoalition vollzieht eine rigorose Umverteilung des gesellschaftlich geschaffenen Reichtums von unten nach oben, indem sie einerseits Steuergeschenke an die Reichen verteilt und die gesetzlichen Grundlagen zur Aushöhlung der Tarifverträge durch die Unternehmer schafft und andererseits die Mittel für die Arbeitslosen kürzt und deren Rechte beschneidet sowie andere gegen die sozial schwächsten

Schichten gerichtete Maßnahmen beschließt und durchsetzt. Die Unternehmerverbände nehmen alle Mittel und Möglichkeiten wahr, um die Arbeitseinkommen herunterzudrücken. Angefangen von den untertariflichen Arbeitsentgelten im Osten der Bundesrepublik, über die Abschaffung der Lohnfortzahlung im Krankheitsfall, die Streichung von tariflich vereinbarten Leistungen wie Urlaubs- und Weihnachtsgeld, die Verzögerung der Lohnangleichung Ost an West bis zur Verweigerung von Lohnerhöhungen, die wenigstens die Inflationsrate ausgleichen, dient alles der allmählichen Absenkung des Wertes der Arbeitskraft in ganz Deutschland und der Aushebelung der Tarifautonomie.

Um der Gefahr der Verarmung eines Teiles der Mitglieder der Gesellschaft entgegenzutreten, werden seit Jahren Vorschläge zur Einführung einer sozialen Grundsicherung diskutiert. Ohne die Notwendigkeit eines solchen Systems bestreiten zu wollen, möchte ich doch einige Bedenken dagegen vorbringen.

Bereits der von Ralf Dahrendorf aus einer liberalen Sicht vertretene Gedanke eines »garantierten Grundeinkommens« macht die Problematik, um die es mir vor allem geht, deutlich. Für Dahrendorf »ist weniger wichtig, daß das garantierte Grundeinkommen aller Bürger in seiner Höhe mit Arbeitseinkommen konkurrieren kann, als daß es unbedingt, nämlich als Teil des Bürgerstaates gewährt wird«. Das Verhältnis zwischen garantiertem Grundeinkommen bzw. sozialer Grundsicherung und dem Arbeitseinkommen erscheint mir jedoch – entgegen der Meinung Dahrendorfs – in der Praxis gerade ein wichtiges und schwieriges Problem zu sein.

Die im Jahre 1996 von Bündnis 90/Die Grünen und der PDS erarbeiteten unterschiedlichen Konzeptionen machen dieses Problem ebenfalls deutlich.

Das Konzept von Bündnis 90/Die Grünen ist darauf gerichtet, mit einer »bedarfsorientierten Grundsicherung« die Sozial- und Arbeitslosenhilfe zu ersetzen. Hier wird von einer monatlichen Pauschale von 1200 DM ausgegangen.[7] Um diese Grundsicherung nicht ganz leistungsunabhängig zu zahlen, wird eine »mehr symbolische Kürzung« vorgesehen, wenn eine vermittelte, zumutbare Arbeit nicht angenommen wird.

Die PDS strebt eine »soziale Grundsicherung für die ganze Bevölkerung« an, die als »Grundrecht für alle Bürgerinnen und Bürger und als ein Anspruch gegenüber der Gesellschaft aufgefaßt wird«. Dafür wird ein monatlicher Betrag von 1425 DM als notwendig erachtet.[6] Nach dieser Konzeption haben alle erwachsenen Personen ohne eigenes Einkommen Anspruch auf die Grundsicherung in voller Höhe. Einkommen, die unterhalb der Grundsicherung liegen, werden auf die Höhe der Grundsicherung aufgestockt. Es wird davon ausgegangen, daß sich alle arbeitsfähigen Personen, welche Grundsicherung beantragen, dem Arbeitsmarkt zwecks Vermittlung zur Verfügung stellen. Eine Überprüfung der Verfügbarkeit ist nicht vorgesehen.

Obwohl eine solche Grundsicherung durchaus finanzierbar wäre (eine Arbeit von Eva Müller zeigt anhand konkreter Berechnungen, daß es finanziell sogar möglich wäre, jedem Bürger vom Baby bis zum Greis eine Grundsicherung in Höhe von monatlich 1450 DM zu zahlen, allein dadurch, daß die »Besserverdienenden« eine bestimmte, zumutbare Summe abgeben.[9]), ist ihre Wirkung auf das Verhältnis Arbeit und Einkommen weitgehend offen.

Wenn die Grundsicherung für arbeitsfähige BürgerInnen nicht ernsthaft an die Bereitschaft zur Erwerbsarbeit gebunden ist und eine Höhe erreicht, die dem Einkommen in den unteren Lohngruppen bzw. bei Familien oder Lebensgemeinschaften dem unteren Haushaltseinkommen Erwerbstätiger gleicht oder nahekommt, werden sich zu den Arbeitslosen viele Menschen gesellen, die dann lieber auf eine Teilnahme am gesellschaftlichen Arbeitsprozeß verzichten. Geht man davon aus, daß gegenwärtig über 40% der monatlichen Netto-Arbeitseinkommen in der Bundesrepublik zwischen 1800 und 3000 DM liegen (s.Anlage 5) und daß von diesem Einkommen zum großen Teil auch eine Familie versorgt werden muß, so würden möglicherweise Millionen Menschen in ihrer Einstellung zur Arbeit demotiviert, wenn z.B. zwei Eheleute mit je 1425,- DM Grundsicherung rechnen könnten, ohne an der Erwerbsarbeit teilzunehmen. Mit Recht schrieb André Gorz dazu: »Ein Grundeinkommen, das von jeder Arbeit in der ökonomischen Sphäre freistellt, vertieft zuerst einmal die Spaltung der Gesellschaft. Es entkoppelt nicht nur Einkommen und Arbeit, sondern auch Recht auf Einkommen von Recht auf Arbeit...« [10]

Ich habe im ersten und dritten Kapitel versucht, den Zusammenhang zwischen der Produktion der notwendigen Lebensmittel (im weitesten Sinne) und der Produktion der Arbeitskraft des Menschen, also der Entwicklung des Menschen selbst, herauszuarbeiten. Dieser Zusammenhang würde bei denjenigen Menschen, welche sich – stimuliert durch eine pauschale Grundsicherung – aus dem Berufsleben zurückziehen, zerstört. Es bestünde die Gefahr, daß eine allgemeine Dequalifizierung einsetzt, weil ein wichtiger Anreiz zur Qualifikation fehlt. André Gorz sieht es als »zweite Schwäche« des garantierten Grundeinkommens an, daß damit »das Recht eröffnet« wird, von einer für die Existenz der Gesellschaft notwendigen Menge an Arbeit »freigestellt zu sein«.[11] Eine Verteilung der Arbeit, die jedem gesunden Menschen im arbeitsfähigen Alter die Beteiligung an der gesellschaftlich notwendigen Arbeit ermöglicht *und fordert,* ist aber wichtig, nicht, weil diese Arbeit ohne den einzelnen nicht zu bewältigen wäre, sondern weil der einzelne ohne diese Teilnahme in seiner Entwicklung behindert ist.

Offenbar wird es doch ein mehrstufiges System geben müssen, in welchem auch die bisherigen Erfahrungen des geltenden Sozialsystems zu berücksichtigen sind. Mehr Gerechtigkeit heißt z.B., allen Arbeitslosen wenigstens annähernd einen Qualifikations- und Berufsschutz zu sichern. Der in der Konzeption der PDS enthaltene Gedanke, die Arbeitslosenhilfe ganz zu streichen und statt dessen Arbeitslosengeld *bis zur Wiedereingliederung in den Arbeitsprozeß* entsprechend der erworbenen Qualifikation zu zahlen, erscheint mir von besonderer Bedeutung. Damit würde zweifellos der Druck auf die Regierung, Arbeit statt Arbeitslosigkeit zu finanzieren, verstärkt.

Mehr Gerechtigkeit kann nach wie vor durch die Umverteilung der vorhandenen Arbeit mittels weiterer *drastischer Arbeitszeitverkürzungen* (mit Lohnausgleich für Einkommen bis 5.000 DM, mit einem Teillohnausgleich für die Einkommen von 5.000-8.000 DM und ohne Ausgleich für Einkommen über 8.000 DM), und durch den Abbau von Überstunden erreicht werden. Schließlich gilt es vor allem den Bereich der nicht vom Profitstreben dominierten öffentlichen Beschäftigung zu sichern und auszubauen, damit diejenigen, die arbeiten *wollen*, auch wirklich arbeiten *können*.

Eine weitere Maßnahme, um zu mehr Gerechtigkeit zu kommen, sehe ich in der Durchsetzung möglichst einheitlicher Mindestlöhne, die den Reproduktionskosten der Arbeitskraft wirklich entsprechen. Diese müssen auch für prekär Beschäftigte, Teilzeit-Beschäftigte usw. gelten und dürfen zumindest das Existenzminimum nicht unterschreiten. Der hartnäckige Kampf der IG BAU um einen Mindestlohn für Bauarbeiter, welcher sogar per Bundestagsgesetz festgesetzt werden mußte (!), zeigt, wieviel Kraft erforderlich ist, um dem Druck der Arbeitgeber auf immer weitere Öffnung der Tarifverträge nach unten sowie dem Angriff auf die Flächentarifverträge entgegenzutreten und den bisher erreichten Wert der Arbeitskraft sowie überhaupt die Tarifautonomie zu verteidigen bzw. wiederherzustellen. Deshalb ist auch bei allen Vorhaben, wie z.B. bei dem Projekt einer sicher sehr notwendigen Grundsicherung, mit zu überlegen, ob dadurch die Gewerkschaften gestärkt oder weiter geschwächt werden. Die Grundlage einer gerechteren Verteilungspolitik ist zweifellos ein Tarifsystem, das – einheitlicher und übersichtlicher als bisher – die Reproduktion der Arbeitskraft in allen Qualifikationsstufen sichert und *alle* Beschäftigten erfaßt, also auch die oberen Einkommensgruppen, die heute z.T. weit über der höchsten Tarifstufe liegen. »Auf die Tagesordnung gehört eine gewerkschaftliche Einkommens- und Arbeitszeitpolitik, die die gesamte Verteilungsfrage ins Visier nimmt.«[12]

Im engen Zusammenhang mit der Grundsicherung steht auch das Thema *Hausarbeit*. In der Diskussion wird – vorwiegend aus feministischen Kreisen – immer wieder die Forderung aufgestellt, die vor allem von Frauen zu leistende Hausarbeit mit einem bestimmten Entgelt anzuerkennen. Ich halte eine solche Erwägung für geradezu antiemanzipatorisch. Warum?

Vor allem bleibt die »Nur-Hausfrau«, ob nun erzwungenermaßen durch Arbeitslosigkeit oder freiwillig aus Neigung, von der Teilnahme am gesellschaftlichen Reproduktionsprozeß *ausgeschlossen*. Die Entfaltung der vielseitigen Fähigkeiten wird nur gefordert und damit auch gefördert, wenn der Mensch (also auch die Frau) in den gesellschaftlichen Reproduktionsprozeß einbezogen ist und seine/ihre Arbeitskraft oder (z.B. als Selbständige/r) die Ergebnisse seiner/ihrer Arbeit gegen die Mittel zum Leben austauscht. Die Teilnahme am *individuellen* Reproduktionsprozeß des Ehepartners ist etwas anderes als die Teilnahme am *gesellschaftlichen* Reproduktionsprozeß. Ersterer spielt sich nur in der Konsumtionsphase des letzteren ab.

Erkennt man nun die häusliche Arbeit, die im Sinne des gesellschaftlichen Reproduktionsprozesses keine *gesellschaftlich*-notwendige Arbeit ist, als Erwerbstätigkeit an, so unterwirft man praktisch auch das private Zusammenleben der Menschen den Gesetzen des Marktes und dehnt deren Wirkungsbereich weiter aus. Die enge Begrenzung der Tätigkeit der Frau auf den häuslichen Bereich würde damit geradezu zementiert. Die anzustrebende humanistische Perspektive linker Politik muß jedoch sein, die Markt- und Geldherrschaft auf das objektiv notwendige, *gesellschaftliche* Maß zu *beschränken* und die Beziehungen außerhalb des gesellschaftlichen (ökonomischen) Reproduktionsprozesses auf anderen, *humanistischen* Prinzipien (Liebe, Fürsorge, Vertrauen, Hilfe usw.) zu gründen, also gerade nicht über den Äquivalentenaustausch mittels Geld.

Damit ist nichts gesagt gegen die soziale Absicherung z.B. arbeitsloser Frauen, der Kinderbetreuung und -erziehung usw. Selbstverständlich hat die Ablehnung einer finanziellen Anerkennung der Hausarbeit absolut nichts damit zu tun, daß diese Arbeit geringgeschätzt würde. Im Gegenteil: Die Tätigkeit für das Funktionieren der Familie, für die Gewährleistung der Geborgenheit des Einzelnen in der Familie oder Lebensgemeinschaft (ob sie nun von Mann oder Frau wahrgenommen wird) hat natürlich eine große gesellschaftliche Bedeutung und verdient volle moralische Anerkennung, die mit Geld nicht aufzuwiegen ist. Deshalb gebührt dem/r PartnerIn, der/die sich dafür entschieden hat, nur im Haushalt zu wirken oder darüber hinaus sogar ehrenamtlich gesellschaftlich tätig zu werden, die gleiche Achtung, wie z.B. einer Frau, die berufstätig ist und sich vielleicht weiter qualifiziert.

Linke Politik sollte darauf gerichtet sein, den Frauen, die ihre Kräfte und Fähigkeiten auf dem Altar der Häuslichkeit »opfern«, zu helfen, ihren eng begrenzten Bereich zu durchbrechen und ihr Recht auf Teilnahme am gesellschaftlichen Reproduktionsprozeß durchzusetzen, und darauf, daß sie durch Umverteilung der Arbeit auch die Möglichkeit dazu erhalten. Für die Emanzipation der Frauen gilt nach wie vor die Auffassung des alten August Bebel, daß es eine Befreiung der Frau ohne gleichberechtigte Teilnahme am Prozeß der gesellschaftlichen Arbeit nicht geben kann. Dabei geht es nicht nur um ihre Befreiung aus ökonomischer Abhängigkeit, sondern vor allem um die Entwicklung ihrer Individualität, ihrer Persönlichkeit.

Auf diesem Gebiet können die Verhältnisse in der DDR durchaus als positives Beispiel dienen. Die in der DDR, aus welchen Motiven auch immer, von Anfang an auf die Einbeziehung der Frauen in den Arbeitsprozeß und auf ihre berufliche Qualifizierung gerichtete Politik brachte für die Frauen eine reale Selbständigkeit und ein Maß an Gleichberechtigung, wie es sie in keinem kapitalistischen Land gegeben hat und bis heute nicht gibt. Trotz der auch in den »realsozialistischen« Ländern vorhandenen Mängel und Ungerechtigkeiten, z.B. bei der (Be-)Förderung von Frauen in (auf) leitende Positionen und bei der Entlohnung, bleibt diese Erfahrung der Teilnahme an der gesellschaftlichen Arbeit, der nahezu ungehinderten Qualifizierung und der nicht nur ökonomischen Selbständigkeit ein Wert, der nicht unterschätzt werden sollte. Daß die Frauen in den neuen Bundesländern die größten Verlierer der Einheit sind, ist bekannt. Der Kampf um die weitere Verkürzung der Arbeitszeit, die stärkere Einbeziehung der Frauen in den gesellschaftlichen Arbeitsprozeß und die Überwindung der Diskriminierung in der Bewertung ihrer Arbeitskraft gehört m. E. zu den wichtigsten emanzipatorischen Aufgaben nicht nur der Frauenorganisationen, sondern aller politischen Kräfte, insbesondere der Gewerkschaften.

4. Reichtum Arbeitskraft – neues Motiv der Produktion

Soweit es die Stammbelegschaften in den starken Unternehmen betrifft, hat der Wert der Arbeitskraft heute in Deutschland in vielen Bereichen der Wirtschaft bereits ein Niveau erreicht, auf dem »für jeden Arbeitnehmer irgendwann die Frage relevant (wird), ob ihm ein (noch) höheres Einkommen mehr Wohlstand verschafft als kürzere Arbeitszeit«.[13] Zum gesellschaftlichen Reichtum gehört also heute schon zunehmend auch die infolge der Produktivitätsentwicklung der Arbeit vergrößerte Zeit, welche die Menschen nicht mehr für die Reproduktion ihres materiellen Lebensprozesses einsetzen müssen, sondern frei nach ihren individuellen Bedürfnissen verwenden können. Der Raum für »menschliche Kraftentfaltung, die als Selbstzweck gilt« (Marx), erweitert sich. Doch was fängt der Mensch damit an?

Die Jagd nach dem als »Inbegriff« des Reichtums angesehenen Geld hält den »modernen« Menschen weiter gefangen in dem scheinbar unentrinnbaren »Zwang« zum Konsum. Michael Brie schreibt zu diesem Thema: »Sollten die Menschen angesichts der globalen Gefahren jemals bereit sein, auf ihrem Weg umzukehren, so müßten sie vor allem innehalten im Kaufen und *Ver*brauchen und sich auf das besinnen, was sie bereits *haben*, und – mehr noch – auf das, was sie wirklich *sind*. Und sie sind das, was sie an Kräften, Fähigkeiten, Kenntnissen, Erfahrungen darstellen, worüber sie verfügen können. Und die Befriedigung des Bedürfnisses, sich selbst immer weiter zu vervollkommnen, hält die Bedürfnisse nach immer neuen Gebrauchsgegenständen in den notwendigen Grenzen. In dieser ›Umschaltung‹ der Menschen auf das, was sie selbst sind, sehe ich den Kern ›einer neuartigen Verbindung von sozialer und ökologischer Entwicklung‹.«[14] Der Inbegriff dessen, was der Mensch wirklich »darstellt«, ist seine Arbeitskraft, die sich im gesellschaftlichen Austausch immer wieder bewähren muß. Und diese Arbeitskraft hat ihren Wert, bei dem es sich nicht um einen eingebildeten oder moralischen Wert handelt. Die *Arbeitskraft* ist eine *materielle* Kraft, die als Wertform im Zeitalter der Warenproduktion *mit Geld aufzuwiegen* ist. Es ist eine *Form des materiellen Reichtums*, den man getrost aufhäufen kann, ohne damit die Lebensbedingungen der zukünftigen Generationen zu untergraben.

Der *Wert* der Arbeitskraft ist jedoch nur *eine* der vielfältigen gesellschaftlichen Beziehungen der Arbeitskraft, nämlich ihr *ökonomisches* Verhältnis. Andere Beziehungen mögen kultureller u.a. gesellschaftlicher Art sein. Die Arbeitskraft ist deshalb viel »reicher« als ihr in Geld aufzuwiegender Wert. Während sich die in der Arbeitskraft verkörperten *individuellen* Kräfte und Fähigkeiten, Kenntnisse und Talente *unbegrenzt* und vielseitig entwickeln können, ist der *Wert der Arbeitskraft begrenzt* durch deren *gesellschaftlich notwendige* Reproduktionskosten, da der Mensch zu seiner eigenen Entwicklung nur einen *begrenzten* Verbrauch »verkraftet« und seine Arbeitskraft immer mehr Wert hervorbringen kann, als sie selbst zu ihrer Reproduktion bedarf. Besinnen sich die Menschen nun auf diese Form des Reichtums, die volle Entfaltung ihrer Arbeitskraft – und damit die Entfaltung ihrer ganzen Persönlichkeit; nehmen sie *zu diesem Zweck* an der gesellschaftlichen Arbeit teil, dann erhält das *Geld* seinen Platz als *Vermittler* der (begrenzten) Reproduktionskosten der Arbeitskraft, also einen dem wirklichen, d.h. menschlichen Reichtum *untergeordneten* Platz. Das Motiv der Realisierung des Wertes der Arbeitskraft ist dadurch dem Motiv der – immer *grenzenlosen – Profitmaximierung direkt entgegengesetzt.*

Hier ist es: *das alternative Motiv der Produktion*, das die Entwicklung des Menschen in Übereinstimmung mit seinen Lebensbedingungen gewährleisten *kann*; der »entspannte Antrieb«, der »die menschlichen Wesenskräfte so entfaltet, daß die Gier nachläßt«, wie es Rudolf Bahro ausdrückte.[15] Ökologische Forderungen können deshalb nicht daran vorbeigehen, daß es unter anderem eine Frage der Verteilung ist, ob der maßlosen Verschwendung materieller Werte und der Zerstörung der Lebensbedingungen Einhalt geboten werden kann. Die grenzenlose Entfaltung der Arbeitskraft hat »nur« die eine Voraussetzung, daß sie soviel Lebensmittel und Gebrauchsgüter für ihren Einsatz erhält, wie für ihre Reproduktion gesellschaftlich notwendig und mit den natürlichen Lebensbedingungen verträglich sind. Bei Verteilungsverhältnissen auf der allgemeinen Grundlage des Wertes der Arbeitskraft wäre dies schon heute für alle Mitglieder der Gesellschaft möglich.

Die Reduktion des Verbrauchs auf den gesellschaftlich notwendigen Aufwand zur Reproduktion der Arbeitskraft hat nichts mit Verzicht oder Askese zu tun. Ich habe versucht, darzulegen, daß der Wert der Arbeitskraft nicht nur vom Stand des erreichten wissenschaftlich-technischen und Produktionsniveaus abhängt, sondern auch vom Anspruchsniveau der arbeitenden Menschen, von Menschen also, welche die »Grenzen des Wachstums« sehr wohl erkannt haben. Es geht demgemäß um die Reproduktion der Arbeitskraft auf dem bisher erreichten und für die Lebensbedingungen erträglichen Niveau, dessen Verallgemeinerung für viele Menschen, die es heute noch schwer haben, die einfache Reproduktion für sich und ihre Familie zu gewährleisten, einen großen Fortschritt darstellen würde. Für Geldspekulationen und sinnlose Vergeudung läßt allerdings die Anwendung des Wertmaßstabes auf die Arbeitskraft kaum Platz. Aber was würden dadurch die eigentumslosen Massen verlieren?

Das jetzt noch »verkehrte« Motiv der Produktion ist m.E. nur durch bewußtes Handeln der Menschen, durch die Wiedergewinnung des »verlorengegangenen« Bewußtseins ihrer Stellung im Reproduktionsprozeß zu überwinden. Im Bewußtwerden dieser Stellung und der geistigen Befreiung von der eigenen subalternen Rolle dem Geld gegenüber sehe ich eine Voraussetzung für die Lösung des Widerspruchs zwischen dem objektiven Prozeß der ökonomischen Entwicklung und ihrer fehlenden subjektiven Beherrschung durch die Menschen selbst. Die weitere Entwicklung der Menschheit hängt wesentlich davon ab, ob das Ziel oder treibende Motiv der Produktion die Produktion um des Profites willen oder die Produktion um der menschlichen und natürlichen Entwicklung willen sein wird.

Keiner Regierung und keiner Partei wird es jedoch gelingen, das Motiv der Produktion umzukehren, wenn sich die Mehrheit der Menschen selbst nicht aus der Befangenheit des Denkens in Kategorien der kapitalistischen Betriebswirtschaft löst. Für den einzelnen Menschen ist das eine schwere und sicherlich anstrengende Aufgabe: In einer Welt, in der »sich alles rechnen muß«, sich vom Standpunkt der kapitalistisch geprägten Ökonomie auf den Standpunkt der gesamtgesellschaftlichen Rationalität zu begeben, sich eine Produktionsweise vorzustellen, in der das Geld wieder auf seine ursprüngliche Funktion als Vermittler von Tauschwerten reduziert ist, und schließlich auch noch aktiv dafür zu kämpfen.

Eine solche zukünftige Produktionsweise stellt enorme Anforderungen an die Fähigkeiten der Menschen. Nicht nur die technischen und naturwissenschaftlichen Kenntnisse, welche sich aus den Anforderungen der Informationsgesellschaft und anderer zukünftiger Produktivitätssprünge ergeben, sind zu erwerben bzw. zu vervollkommnen. Gleichzeitig und vor allem müssen die Menschen lernen, ihre *eigenen gesellschaftlichen* Verhältnisse, besonders die *ökonomischen* Verhältnisse, zu beherrschen und sie nach den allgemein-gesellschaftlichen Bedürfnissen und nach demokratischen Prinzipien mitzugestalten. Alle diese vorwiegend geistigen Arbeiten werden interessant sein und »Spaß machen«. »Denken ist das größte Vergnügen der Menschen«, sagte Brecht. Genuß und Arbeit werden einander mehr und mehr durchdringen. Immer aber wird die gesellschaftlich notwendige Arbeit, ob Last oder Vergnügen, dem Menschen Anstrengung und Mühe abverlangen. Gerade dadurch werden sich die Arbeitskraft und mit ihr alle vielfältigen Fähigkeiten ständig weiter entfalten können, ohne daß ihr ökonomischer Wert unentwegt weiter steigt.

Wenn die Menschheit sich nicht selbst inzwischen zugrunde richtet, dann wird irgendwann – vielleicht nach einigen Jahrhunderten – ein neues Zeitalter die Warenproduktion überhaupt und mit ihr alle Wertverhältnisse ablösen: nämlich eine Lebensweise, in der jeder Mensch sich daran gewöhnt hat, die notwendigen materiellen Güter mit Vernunft zu gebrauchen und zu besitzen *zum Zwekke der weiteren menschlichen Entwicklung*.

Dieser Traum von Marx, Engels und Millionen anderer Menschen ist nicht ausgeträumt.

Anmerkungen

Zum ersten Kapitel

[1] Marx, Karl: Das Kapital, Bd. 1, in: MEW, Bd. 23, S. 192; vgl. auch ebenda, S. 198

[2] Haug, Frigga (Hrsg.): Gesellschaftliche Arbeit und Individualentwicklung, Studien zur Kritischen Psychologie, Bd. 20, Köln 1980, S. 34/35

[3] Marx, Karl: Das Kapital, Bd. 1, a.a.O., S. 591

[4] Engels, Friedrich: Der Anteil der Arbeit an der Menschwerdung des Affen, in: MEW, Bd. 20, S. 444ff.

[5] Projektgruppe Automation und Qualifikation, Bd. II: Entwicklung der Arbeit, Leitung: Frigga Haug, Berlin, 1978, S. 19

[6] Negt, Oskar: Lebendige Arbeit, enteignete Zeit, 2. Aufl., Frankfurt am Main 1985, S. 8

[7] Haug, Frigga (Hrsg.): Gesellschaftliche Arbeit und Individualentwicklung, a.a.O., S. 39

[8] So z.B. Robert Kurz: Der Kollaps der Modernisierung, Frankfurt am Main 1991, und ders.: Gibt es ein Leben nach der Marktwirtschaft? in: ND v. 11./12.6. und v. 18./19.6.94

[9] Marx, Karl: Das Kapital, Bd. 1, a.a.O., S. 61, Fußnote (Hervorhebung I.D.)

[10] Holzkamp-Osterkamp, Ute: Grundlagen der psychologischen Motivationsforschung, 3. Auflage, Frankfurt am Main 1981, Bd. 2, S. 31ff.

[11] Siehe Bleicher, Siegfried: Neue Technologie und Gestaltung der Arbeit, in: van Haaren/Klose/Müller (Hrsg.): Befreiung der Arbeit, Bonn 1986, S. 134; vgl. dazu auch: Strasser, Johano (Hrsg.): Die Zukunft der Arbeit, in: Die Wende ist machbar, München 1994, S. 221

[12] Gorz, André: Und jetzt wohin, Berlin 1991, S. 145; vgl. dazu auch: Marx, K.: Das Kapital, Bd. 1, a.a.O., S. 552

[13] Vgl. Marx, Karl: Theorien über den Mehrwert, Teil 1, in: MEW, Bd. 26.1, S. 373

[14] Die Relativität von produktiver und unproduktiver Arbeit hat Marx mehrfach und ausführlich dargestellt; siehe Marx, Karl: Das Kapital, Bd. 1, a.a.O., S. 531/532; ebenda, Bd. 3, in: MEW, Bd. 25, S. 292/313, und: Theorien über den Mehrwert, Teil 1, a.a.O., S. 115ff., 122ff. und 353ff.

[15] Marx spricht im Zusammenhang mit der erreichten »gesetzlichen Beschränkung der Arbeitszeit« von einem »Sieg der politischen Ökonomie der Arbeit« oder auch »der Arbeiterklasse über die politische Ökonomie des Kapitals«. Siehe z.B. Marx, Karl: MEW, Bd. 16, S. 11. Oskar Negt spricht vom »Widerspruch zwischen politischer Ökonomie des Kapitals und politischer Ökonomie der lebendigen Arbeitskraft«, siehe Negt, Oskar: Lebendige Arbeit ..., a.a.O., S. 15. Im Material der Sozialistischen Studiengruppen wird von der »politischen Ökonomie der emanzipierten Arbeit« oder auch von der »politischen Ökonomie der Arbeit« gesprochen, siehe Sozialistische Studiengruppen: Egalitarismus oder politische Ökonomie der emanzipierten Arbeit, Supplement der Zeitschrift Sozialismus, Nr. 7/8-1995, bes. S.18/19. Steinitz spricht in diesem Kontext vom »Prinzip der Gemeinnützigkeit« gegenüber dem »Profitprinzip«, siehe Steinitz, Klaus: Massenarbeitslosigkeit – ein unentrinnbares Schicksal? in: Utopie kreativ, Nr. 69/70 Juli/August 1996, S. 35. Ich selbst bevorzuge den Begriff der »politischen Ökonomie der gesellschaftlichen Arbeit«, der gewissermaßen die unabdingbare Notwendigkeit der Arbeit mit einschließt. Vgl. auch Marx zur Dialektik von Freiheit und Notwendigkeit: Das Kapital, Bd. 3, in: MEW, Bd. 25, S. 828

[16] Vgl. Bischoff, Joachim: Die neue Betriebsweise, in: Sozialismus, Heft 6/1993, S. 35

[17] Nick, Harry: Das Eigentum und der Sozialismus, in: Marxistisches Forum, Heft 1/Sept. 95, S. 9

[18] Negt, Oskar: Lebendige Arbeit ... , a.a.O., S. 184

[19] Vgl. Schrick, Gerd: Lehre von der Arbeit, Frankfurt am Main 1987, S. 52, 154, 289, u.a.

[20] Marx, Karl: Einleitung zur Kritik der politischen Ökonomie, in: MEW, Bd. 13, Berlin 1961, S. 635

[21] Vgl. Marx, Karl, über den »Doppelcharakter der in den Waren dargestellten Arbeit«, in: Das Kapital, Bd. 1, a.a.O., S. 56ff.

[22] Ebenda, S. 181

[23] Ebenda, S. 180/181, (Hervorhebg. I.D.)

[24] Ebenda, S. 181

[25] Marx, Karl: Theorien über den Mehrwert, Teil 1, a.a.O., S. 53/54

[26] Engels, Friedrich: Vorwort zu »Das Kapital«, Bd. 2, in: MEW, Bd. 24, S. 23 u. 25

[27] Marx, Karl: Das Kapital, Bd. 1, a.a.O., S.181

[28] Heinrich, Michael: Die Wissenschaft vom Wert, Hamburg 1991, S. 209

[29] Marx, Karl: Das Kapital, Bd. 1, a.a.O., S. 182 (Hervorhebung: I.D.)

[30] Ebenda, S.596

[31] Negt, Oskar: Lebendige Arbeit..., a.a.O., S. 156

[32] Marx, Karl: Manuskripte Zur Kritik der politischen Ökonomie, (1861-1863), in: MEGA, Abtlg. II, Bd. 3,1, S. 36 (Hervorhebung I.D.)

[33] Nick, Harry: Das Eigentum und der Sozialismus, a.a.O., S. 7

[34] Heinrich, Michael: Die Wissenschaft vom Wert, a.a.O., S. 209 (Hervorhebg. I.D.). H. schreibt dazu: »Die genauere Untersuchung der besonderen Wertbestimmung der Ware Arbeitskraft wäre wahrscheinlich ein Thema für die von Marx vorgesehene ›spezielle Lehre von der Lohnarbeit‹ (MEW: Bd.23/S.565) gewesen.«; ebenda, S. 210

[35] Ruben, Peter: Ist die Arbeitskraft eine Ware? in: Heinz Eidam/Wolf-Dietrich Kowarcik (Hrsg.): Kritische Philosophie gesellschaftlicher Praxis. Auseinandersetzung mit der Marxschen Theorie nach dem Zusammenbruch des Realsozialismus. Würzburg 1995, S.167-183; Peter Ruben: Von der Arbeit und ihrer ökonomischen Bestimmtheit, in: Deutsche Zeitschrift für Philosophie, 41 (1993), Nr. 2, S. 257-262, und: Peter Ruben: In der Krise des Marxismus, Versuch einer Besinnung, in: Initial, Nr. 3/1993, S. 79 u.a.

[36] Ruben, Peter: Ist die Arbeitskraft eine Ware? a.a.O, S. 181

[37] Ebenda, S.182

[38] Ebenda, S. 182

[39] Ebenda

[40] Ebenda

[41] Siehe Ruben, Peter: Von der Arbeit und ihrer ökonomischen Bestimmtheit, a.a.O., S. 261

[42] Die Wertform des Arbeitsprodukts stellt nach Marx die »Erscheinungsform des in ihr enthaltenen Gegensatzes von Gebrauchswert und Wert« dar. Marx bezieht die Wertform auf die Warenform und »weiter entwickelt« auf die Geldform, Kapitalform usw.«(Marx, Karl, Das Kapital, Bd. 1, a.a.O., S. 76) »Die Wertform des Arbeitsprodukts ist die abstrakteste, aber auch allgemeinste Form der bürgerlichen Produktionsweise, die hierdurch als eine besondre Art gesellschaftlicher Produktion und damit zugleich historisch charakterisiert wird.« (ebenda, S. 95)

[43] Siehe Marx, Karl: Das Kapital, Bd.1, a.a.O., S. 183

[44] Lafontaine, Oskar: Das Lied vom Teilen, Hamburg 1990, S. 16, 19, 20 (Hervorhebungen I.D.)

[45] Marx, Karl: Das Kapital, Bd.1, a.a.O., S. 187

Zum zweiten Kapitel

[1] Werner, Harald: Reichtum in einem reichen Land, Dossier 2 der PDS im Bundestag, Bereich III Arbeitsmarkt und Sozialpolitik, S. 12

[2] Beiträge zur Wirtschaftspolitik der AG Wirtschaftspolitik beim PV der PDS, 5/95, S. 10/11

[3] Vgl. Wendl, Michael: Schlanker Staat – magere Gewerkschaften? in: Sozialismus, Nr. 12/95, S. 21; Werner, Harald, Reichtum ... a.a.O., S. 16

[4] Vgl. Bischoff, Joachim: Arbeit durch Umverteilung, in: Sozialismus Nr. 7/8-95, S. 29-31

[5] Tammer, Hans: Mehrwertboom, in: Disput Nr. 15/1993, S. 19/20

[6] Hengsbach, Friedhelm: Eine Wende des sozio-ökologischen Leitbildes ist fällig, in: Frankfur-

ter Rundschau v. 2.2.93, S. 12

[7] Siehe Schneider, Manfred: »Bonus«, in: WirtschaftsWoche Nr. 52 v. 22.12.94

[8] Arbeitgeber wollen zurück ins tarifpolitische Mittelalter, in ND v. 3.1.95, S. 1 (Hervorhebung I.D.)

[9] Vgl. N. Beckenbach/B. Robak/W.v. Treeck: Perspektiven der Arbeit..., in: Politik um die Arbeit, Projektgruppe Automation und Qualifikation, Hamburg/Berlin 1988, S. 64; vgl. auch: Heinrich, Herbert: Arbeitsbewertung und Disziplinierung, Spardorf 1985, S. 33

[10] Wibbe, J.: Arbeitsbewertung – Entwicklung, Verfahren und Probleme, München 1966, S. 1/2, zitiert nach: Heinrich, Herbert: Arbeitsbewertung..., a.a.O., S. 1 (Hervorhebung I.D.)

[11] Vgl. Gikas, Michael: Arbeitsbewertung – Entlohnungsverfahren oder ideologisches Instrument? Eine ideologie- und verfahrenskritische Analyse anhand ausgewählter aktueller Entwicklungstendenzen der betrieblichen Lohndifferenzierung, Münster 1985, S. 117/118

[12] Laske, S.: Die »Anforderungsgerechtigkeit« in der Arbeitsbewertung oder die Funktion von Fiktionen, in: Gohl, J. (Hrsg.) Arbeit im Konflikt, München 1977, S. 153; Vgl. auch: Heinrich, Herbert: Arbeitsbewertung...a.a.O., S. 53/54 und S. 222 (Hervorhebung I.D.)

[13] Friedmann, Petra/Schmahl, Kurt: Teilautonome Arbeitsgruppen: eine reale Chance zur Humanisierung der Arbeit? in: Haug, Frigga (Hrsg.): Gesellschaftliche Arbeit und Individualentwicklung, Köln, 1980, S. 149

[14] Mendner, J.H.: Intensivierung der Arbeit und Arbeitswissenschaft, in: Gohl, J. (Hrsg.): Arbeit im Konflikt, München 1977, S. 77; zitiert nach: Friedmann, P./Schmahl, K.: Teilautonome Arbeitsgruppen..., a.a.O., S. 150

[15] Gikas, Michael: Arbeitsbewertung ..., a.a.O., S. 14

[16] Vgl. ebenda, S. 19 und S. 61 (Hervorhebung I.D.)

[17] Vgl. ebenda, S. 27ff.

[18] Ebenda, S. 6/7 (Hervorhebungen I.D.)

[19] Verglichen anhand der Lohn- und Gehaltstabellen für Arbeiter und Angestellte im Baugewerbe in den alten Bundesländern für 1993, in: Grundstein Nr. 5/Mai 1993, S. 5 und S. 21

[20] Gorz, André: Und jetzt wohin? a.a.O., S. 83

[21] Marx, Karl: Das Kapital, Bd. 1, a.a.O., S. 559-561

[22] Ebenda, S.559

[23] Z.B. Marx, Karl: Ökonomisch-philosophische Manuskripte (1844) Leipzig 1970, und: Grundrisse der Kritik der Politischen Ökonomie, (Rohentwurf), 1857/58, Berlin 1974

[24] Marx, Karl: Das Kapital, Bd.1, a.a.O., S. 93 (Hervorhebung I.D.)

[25] Marx, Karl: Kritik des Gothaer Programms, in: MEW, Bd. 19, S. 19/20

[26] Marx, Karl: Das Kapital, Bd. 3, a.a.O., S. 859 (Hervorhebung I.D.)

[27] Engels, Friedrich: Vorwort zur Kritik des Gothaer Programms, in: MEW, Bd. 19, S. 521

[28] Lenin, W.I.: Staat und Revolution, in: Werke, Bd. 25, S. 480

[29] Ebenda, S. 484

[30] Marx, Karl: Kritik des Gothaer Programms, a.a.O., S. 21

[31] Bahro, Rudolf: Die Alternative, Berlin 1990, S. 248

[32] Z.B. Erhard, A./Lorenz, A.: Theorie und Praxis der Arbeitsklassifizierung, Berlin 1971

[33] Ebenda, S. 18

[34] Ebenda, S. 20

[35] Warnke, Herbert: Bericht an den 8. FDGB-Kongreß, in: Tribüne Nr. 124 vom 27.6.72, Beilage, S. 6

[36] Reinhold, Otto/ Nick, Harry/ Hummel, Lothar/ Adler, Frank, in: Einheit, Heft 8/89, S. 700-724

[37] Siehe Nick, Harry: Marktwirtschaft und Kapitallogik, in: Sozialismus, Heft 2/95, S. 38

Zum dritten Kapitel

[1] Marx, Karl: Das Kapital, Bd. 1, a.a.O., S. 52
[2] Ebenda, S. 61
[3] Ebenda, S. 58, vgl. auch ebenda, S. 85
[4] Ebenda, S. 185
[5] Marx, Karl: Zur Kritik der politischen Ökonomie, in: MEW, Bd. 13, S. 17
[6] Marx, Karl: Das Kapital, Bd. 1, a.a.O., S. 81 (Hervorhebung I.D.)
[7] Vgl. auch Heinrich, Michael, Die Wissenschaft vom Wert, a.a.O., S. 168
[8] Marx, Karl: Das Kapital, Bd. 3, a.a.O., S. 889
[9] Krüger, Stephan: Die Funktionsgesetze der Marktwirtschaft, in: Sozialismus, Nr. 11/94, S. 28
[10] Katzenstein, Robert: Wertbegriff und Transformationsproblem, in: Z. Zeitschrift marxistische Erneuerung, Nr. 21, März 1995, S. 201/202
[11] Hein, Peter: Zur Rekonstruktion einer marxistischen Werttheorie vor dem Hintergrund der Wert-Produktionspreis-Debatte und nach dem Erscheinen von Sraffas Produktionspreistheorie, Diss., Berlin 1985, S. 56
[12] Marx, Karl: Zur Kritik der politischen Ökonomie, in: MEW, Bd. 13, S. 18
[13] Heinrich, Michael, Die Wissenschaft vom Wert, a.a.O., S. 168
[14] Marx, Karl: Das Kapital, Bd. 1, a.a.O., S. 89
[15] Ebenda, S. 56
[16] Kurz, Robert: Der Kollaps der Modernisierung, Frankfurt am Main 1991, S. 18: »Der Fetischismus ist selbstreflexiv geworden und konstituiert dadurch die abstrakte Arbeit als Selbstzweckmaschine.« (!)
[17] Ebenda, S. 33, S. 38, 40, 72, 85 u.a.
[18] Kurz, Robert: Gibt es ein Leben nach der Marktwirtschaft? in: ND. v. 11./12.6.94, S. 10
[19] Habermas, Jürgen: Theorie des kommunikativen Handelns, Bd. 2, Frankfurt am Main 1985, S. 492-493 (Hervorhebung I.D.)
[20] Habermas spricht von »Verwandlung konkreter in abstrakte Arbeitskraft« (ebenda, S. 494) und schreibt weiter: Marx »hätte ... sich auf empirische Untersuchung der Realabstraktionen, d.h. der Umwandlung von konkreter in abstrakte Arbeit einlassen müssen«. (ebenda, S. 498 u. 503)
[21] Marx, Karl: Das Kapital, Bd. 3, a.a.O., S. 828
[22] Siehe Heinrich, Michael: Die Wissenschaft vom Wert, a.a.O., S. 172
[23] Krüger, Stephan: Die Funktionsgesetze..., a.a.O., S. 28 (Hervorhebung I.D.)
[24] Siehe Heinrich, Michael, Die Wissenschaft vom Wert, a.a.O, S. 167
[25] Marx, Karl: Das Kapital, Bd. 1, a.a.O., S. 87 (Hervorhebung I.D.)
[26] Ebenda, S. 88
[27] Ebenda, S. 61 (Hervorhebung I.D.)
[28] Heinrich,Michael, Die Wissenschaft vom Wert, a.a.O., S. 169
[29] Marx, Karl: Das Kapital, Bd. 1, a.a.O., S. 12
[30] Marx, Karl: Thesen über Feuerbach, in: MEW, Bd. 3, S. 6
[31] Marx, Karl: Grundrisse zur Kritik der Politischen Ökonomie, Berlin, 1953, S. 504-506
[32] Marx, Karl: Das Kapital, Bd. 1, a.a.O., S. 192
[33] Engels, Friedrich: Der Ursprung der Familie, des Privateigentums und des Staates, in: MEW, Bd. 21, S. 27/28 (Hervorhebung I.D.)
[34] Nick, Harry: Ist Fortschritt noch möglich? in: Fortschritt, Krise, Katastrophe, Reihe Controvers, Berlin, 1992, S. 14
[35] Vgl. Marx, Karl: Das Kapital, Bd. 1, a.a.O., S. 371
[36] Ebenda, S. 120
[37] Ebenda, S. 164
[38] Ebenda, S. 166
[39] Siehe ebenda, S. 741ff.
[40] Siehe ebenda, S. 211
[41] Ebenda, S. 161ff.
[42] Ebenda, S. 163

[43] Marx, Karl: Manuskripte Zur Kritik der politischen Ökonomie (1861-1863), in: MEGA II, 3.1, S. 100

[44] Ebenda, S. 89

[45] Marx, Kapital, Bd. 2, in: MEW: Bd. 24, S. 46

[46] Ebenda, S. 56

[47] Vgl. ebenda, S. 46/47 und S. 75

[48] Ebenda, S.52

[49] Ebenda, S. 67/68

[50] Ebenda, S. 69/70

[51] Ebenda, S. 87. In einem Anfang der 80er Jahre geführten wissenschaftlichen Streit über die »Werttendenz der Arbeitskraft« wurde nach meiner Übersicht die Frage nicht beantwortet, ob der Wert der Arbeitskraft, historisch gesehen, sinkt oder steigt. Die Meinungen dazu blieben geteilt. Siehe Autorenkollektiv: Qualifikations- und Werttendenz der Arbeitskraft heute, Beiträge zur marxistischen Diskussion um Wert und Gebrauchswert der Arbeitskraft, hrsg. von: Institut für Marxistische Studien und Forschung (IMSF), Frankfurt am Main 1980, Reihe Theorie und Methode IV

[52] Marx, Karl: Das Kapital, Bd. 1, a.a.O., S. 180, Fußnote

[53] Marx, Karl: Das Kapital, Bd. 3, a.a.O., S. 887

[54] Vgl. Roth, Karl Heinz (Hrsg.): Die Wiederkehr der Proletarität, ISP Köln 1994, S. 13ff.

Zum vierten Kapitel

[1] Katzenstein, Robert: Wertbegriff und Transformationsproblem, a.a.O., S. 200/201

[2] Marx, Karl: Das Kapital, Bd. 1, a.a.O., S. 207/208

[3] Ebenda, S. 184/185

[4] Ebenda, S. 185 (Hervorhebung I.D.)

[5] Marx, Karl: Grundrisse zur Kritik ..., a.a.O., S. 229/230

[6] Marx, Karl: Das Kapital, Bd. 1, a.a.O.,S.186

[7] Ebenda S. 185 und 542

[8] Maier, Harry: Bildungsökonomie, Stuttgart 1994, S. 69

[9] Ebenda, S. 262

[10] Ebenda, S. 265

[11] Marx, Karl: Das Kapital, Bd. 1, a.a.O., S. 211/212

[12] Ludwig, Udo/Maier, Harry/Wahse, Jürgen: Bildung als ökonomische Potenz im Sozialismus, Berlin 1972, S. 85

[13] Otten, Dieter: Good-Bye Mr. Ford, in: van Haaren/Klose/Müller: Befreiung der Arbeit, Bonn 1986, S. 102/103 u. 105

[14] Marx, Karl: Das Kapital, Bd. 1, a.a.O., S. 185

[15] Marx, Karl: Grundrisse zur Kritik ..., a.a.O., S. 426

[16] Vgl. Krüger, Stephan: Die Funktionsgesetze der Marktwirtschaft, in: Sozialismus, Nr. 11/94, S. 31 u.ff.

[17] Sozialistische Studiengruppen: Egalitarismus oder politische Ökonomie der emanzipierten Arbeit? in: Supplement der Zeitschrift Sozialismus, Nr. 7/8-1995, S. 16/17

[18] Vgl. dazu: Maier,Harry, Bildungsökonomie, a.a.O., S. 200ff.

[19] Ebenda, S. 262

[20] Ebenda, S. 208/209

[21] Ebenda, S. 210

[22] Marx, Karl: Das Kapital, Bd. 1, a.a.O., S. 59

[23] Maier, Harry: Bildungsökonomie, a.a.O., S. 82/83 und Ludwig/Maier/Wahse: Bildung als ökonomische Potenz, a.a.O., S. 121

[24] A. Erhard/A. Lorenz: Theorie und Praxis der Arbeitsklassifizierung, Berlin 1971, S. 18-23

[25] Krüger, Stephan: Die Funktionsgesetze der Marktwirtschaft, a.a.O., S. 28

Zu den Schlußbemerkungen

[1] Sozialistische Studiengruppen: Egalitarismus oder politische Ökonomie der emanzipierten Arbeit?, a.a.O, S. 19/20

[2] Siehe Herkommer, Sebastian und Mühlhaus, Michael: Jenseits der Normalarbeitszeit, in: Sozialismus, Nr. 3/94, S. 38/39

[3] Siehe Bischoff, Joachim: Die ökologischen Risiken des globalen Kapitalismus, in: Sozialismus Nr. 4/95, S. 38/39; Detje, Richard: Im Übergang zum 21. Jahrhundert, in: Sozialismus Nr. 10/1996, S. 32; Materialien der PDS zur Strategiekonferenz, Nov. 1996, u.v.a.

[4] Séve, Lucien: Zwanzig Thesen über Gegenwart und Zukunft des Kommunismus, in: Utopie kreativ, Heft 12/1991, S. 13

[5] Marx, Karl: Das Kapital, Bd. 1, a.a.O., S. 187

[6] Dahrendorf, Ralf: Der moderne soziale Konflikt, Stuttgart 1992, S. 267

[7] Siehe Fischer, Andrea: Kurzfassung des Diskussionspapiers einer Autorengruppe: Die Bündnisgrüne Grundsicherung: Ein soziales Netz gegen die Armut, in: Material des Strategiekongresses von Bündnis 90/Die Grünen v. 12./13.10.1996 in Hannover. Daß hier differenziert wird nach Ost und West (Ost nur 1000 DM), ist sicher nicht ganz ernst zu nehmen.

[8] Siehe Pressedienst der PDS Nr. 16/96, S. 11, und: Knaake-Werner, Heidi: Soziale Grundsicherung ist unverzichtbar, in: Disput, Nr. 6/96, S. 14, und: Bundestagsgruppe der PDS, Antrag der PDS im Bundestag: Soziale Grundsicherung gegen Armut und Abhängigkeit, für mehr soziale Gerechtigkeit und ein selbstbestimmtes Leben, Bonn, Februar 1996

[9] Siehe Müller, Eva: Das Volkseigentum und seine Umverteilung über den Staat, in: Supplement der Zeitschrift Sozialismus, Heft 10/1996

[10] Gorz, André: Und jetzt wohin? a.a.O., S. 143/144

[11] Ebenda, S. 144/145

[12] Detje, Richard, a.a.O., S. 30

[13] Zinn, Karl-Georg: Wachstumsgrenzen – Nachfragegrenzen? in: van Haaren/Klose/Müller (Hrsg.): Befreiung der Arbeit, Bonn, 1986, S. 20/21

[14] Brie, Michael: PDS ante portas, in: Blätter für deutsche und internationale Politik, Bonn, Nr. 8/1994 und Pressedienst der PDS, Nr. 29/94, S. 5

[15] Bahro, Rudolf: Kommunismus und seelische Grandezza, in: ND v. 23./24.12.95, S. 9

Literatur

Andréani, Tony: Thesen für einen nicht etatistischen Sozialismus, in: Utopie kreativ, Heft 17-18/1992, S. 119/131

Arendt, Hannah: Vita Activa oder Vom tätigen Leben, München 1981/1992

Bahro, Rudolf: Die Alternative, Berlin 1990

Bahro, Rudolf: Kommunismus und seelische Grandezza, in: ND v. 23./24.12.95, S. 9

Bischoff, Joachim/Menard, Michael: Marktwirtschaft und Sozialismus, Hamburg 1990

Bischoff, Joachim/Steinitz, Klaus (Hrsg.): Bevor alles zusammenbricht..., Hamburg 1993

Bischoff, Joachim/Steinitz, Klaus: Hat die Arbeit eine Zukunft, in: Sozialismus, Nr. 10/93

Bischoff, Joachim: Die neue Betriebsweise, in: Sozialismus, Nr. 6/1993, S. 33-37

Bischoff, Joachim: Wirtschaftskrisen und wirtschaftspolitische Alternativen, in: Klartext, Probleme der politischen Ökonomie in der heutigen Zeit, Berlin, Heft 6/1994, S. 5-18

Bischoff, Joachim: Die ökologischen Risiken des globalen Kapitalismus, in: Sozialismus, Nr. 4/95, S. 33-40

Bischoff, Joachim: Konkurrenz und Wetteifer, Supplement der Zeitschrift Sozialismus Nr. 9/95

Bischoff, Joachim/Detje, Richard: Zeitsouveränität und politische Bewegung, Supplement der Zeitschrift Sozialismus, Nr. 9/1996

Bleicher, Siegfried: Neue Technologie und Gestaltung der Arbeit, in: van Haaren/Klose/Müller (Hrsg.): Befreiung der Arbeit, Bonn 1986

Brie, André: Befreiung der Visionen, Hamburg 1992

Brie, Michael: PDS ante portas, in: Blätter für deutsche und internationale Politik, Bonn, Nr. 8/1994

Bullan, Klaus: Bildung in Not, in: Sozialismus, Nr. 6/95, S. 27-37

Daheim, Hansjürgen/Heid, Helmut/Krahn, Karl (Hrsg.): Soziale Chancen: Forschungen zum Wandel der Arbeitsgesellschaft, Frankfurt am Main/New York 1992 (Forschungsergebnisse des ISO, Köln)

Dahrendorf, Ralf: Der moderne soziale Konflikt, Stuttgart 1992

Deppe, Frank: Gestaltungskompetenz und Gegenmacht, in: Sozialismus, Nr. 2/93, S. 24-35
Deppe, Frank: Ein neuer Gesellschaftsvertrag, in: Sozialismus, Nr. 7/94, S. 25-40
Deppe, Frank: Politik am Ende des 20. Jahrhunderts, Supplement der Zeitschrift Sozialismus, Nr. 10/95
Deppe, Frank: Arbeitslosigkeit, Wohlfahrtsstaat und Gewerkschaften in der Europäischen Union, Supplement der Zeitschrift Sozialismus, Nr. 2/1996
Detje, Richard: Im Übergang zum 21. Jahrhundert, in: Sozialismus, Nr. 10/1996, S. 29-33
Engels, Friedrich: Karl Marx, Zur Kritik der Politischen Ökonomie, in: MEW, Bd. 13, S. 468-477
Engels, Friedrich: Der Anteil der Arbeit an der Menschwerdung des Affen, in: MEW, Bd. 20, S. 444-455
Engels, Friedrich: Der Ursprung der Familie, des Privateigentums und des Staates, in: MEW, Bd. 21, S. 25-173
Erhard, A./Lorenz, A.: Theorie und Praxis der Arbeitsklassifizierung, Berlin 1971
Flechtheim, Ossip K.: Ist die Zukunft noch zu retten? München 1990
Friedman, M. und R.: Chancen, die ich meine, Frankfurt am Main, Berlin, Wien 1983
Gellermann, S.W.: Motivation und Leistung, Düsseldorf/Wien 1972
Gikas, Michael: Arbeitsbewertung – Entlohnungsverfahren oder ideologisches Instrument, Industriesoziologie, Band 3, Münster 1985
Gorz, André: Und jetzt wohin? Berlin 1991
van Haaren, Kurt/Klose, Hans-Ulrich/Müller, Michael (Hrsg.): Befreiung der Arbeit, Bonn 1986
Habermas, Jürgen: Theorie des kommunikativen Handelns, Bd. 2, Frankfurt am Main 1985
Habermas, Jürgen: Die Neue Unübersichtlichkeit, Frankfurt am Main 1985
Habermas, Jürgen: Die nachholende Revolution, Frankfurt am Main 1990
Haller, Wilhelm: Flexible Arbeitszeit, München 1990
Haug, Frigga (Hrsg.): Gesellschaftliche Arbeit und Individualentwicklung, Studien zur Kritischen Psychologie, Köln 1980
Haug, Wolfgang Fritz: Pluraler Marxismus, Berlin 1987
Haug, Wolfgang Fritz und Elfferding, W. (Hrsg.): Neue Technik und Sozialismus, Argument-Sonderband 95, Berlin 1982
Hein, Peter: Zur Rekonstruktion einer marxistischen Werttheorie vor dem Hintergrund der Wert-Produktionspreis-Debatte und nach dem Erscheinen von Sraffas Produktionspreistheorie, Diss., Berlin 1985
Heinrich, Herbert: Arbeitsbewertung und Disziplinierung, Die Praxis der Arbeitsbewertung im Angestelltenbereich, Wilfer 1985

Heinrich, Michael: Die Wissenschaft vom Wert, Hamburg,1991
Herkommer, Sebastian und Mühlhaus, Michael: Jenseits der Normalarbeitszeit, in: Sozialismus, Nr. 3/94, S. 25-40
Hickel, Rudolf: Ein neuer Typ der Akkumulation? Hamburg 1987
Hickel, Rudolf/Priewe, Jan: Nach dem Fehlstart, Frankfurt am Main 1994
Holzkamp-Osterkamp, Ute: Grundlagen der psychologischen Motivationsforschung, Band 1, 3. Aufl., Frankfurt am Main 1981
Institut für Marxistische Studien und Forschgungen – IMSF (Hrsg.): Qualifikations- und Werttendenz der Arbeitskraft heute, Beiträge zur marxistischen Diskussion um Wert und Gebrauchswert der Arbeitskraft, Reihe: Theorie und Methode IV, Frankfurt am Main 1980
Jungk, Robert: Die Zukunft hat schon begonnen, München 1990
Katzenstein, Robert: Wertbegriff und Transformationsproblem, in: Z, Zeitschrift für marxistische Erneuerung, Nr. 21, März 1995, S. 201-202
Korff, Wilhelm: Wandlungen im Verständnis der Arbeit aus der Sicht der christlichen Soziallehre, in: Schubert, V. (Hrsg.): Der Mensch und seine Arbeit, St. Ottilien 1986, S. 223ff.
Krüger, Stephan: Die Funktionsgesetze der Marktwirtschaft, in: Sozialismus, Nr. 11/94, S. 25-40
Kurz, Robert: Der Kollaps der Modernisierung, Frankfurt am Main 1991
Kurz, Robert: Gibt es ein Leben nach der Marktwirtschaft? Artikel-Serie, ND vom 11./12.6.94, 18./19.6.94 und 1./2.10.94, jeweils S. 10
Lafontaine, Oskar: Die Gesellschaft der Zukunft, München 1989
Lafontaine, Oskar: Das Lied vom Teilen, München 1989
Leu, Hans Rudolf: in: Subjektivität im gesellschaftlichen Wandel, Forschungsergebnisse des Deutschen Jugendinstituts, Weinheim und München 1989, S. 36ff.
Ludwig, U./Maier, H./Wahse, J.: Bildung als ökonomische Potenz im Sozialismus, Berlin 1972
Lutz, Burkhart: Das Ende der industriellen Lohnarbeit, in: Schubert, V. (Hrsg.): Der Mensch und seine Arbeit, St. Ottilien 1986, S. 393ff.
Maier, Harry: Bildungsökonomie, Die Interdependenz von Bildungs- und Beschäftigungssystem, Stuttgart 1994
Marx, Karl: Thesen über Feuerbach, in: MEW, Bd. 3, S. 5-7
Marx, Karl/Engels, Friedrich: Manifest der Kommunistischen Partei, in: MEW, Bd. 4, S. 459-493
Marx, Karl: Lohnarbeit und Kapital, in: MEW, Bd. 6, S. 397-423
Marx, Karl: Ökonomisch-philosophische Manuskripte (1844), Leipzig, 1970
Marx, Karl: Grundrisse zur Kritik der Politischen Ökonomie (1857-1858), Berlin 1953
Marx, Karl: Zur Kritik der Politischen Ökonomie (1859), in: MEW, Bd. 13, S. 3-160

Marx, Karl: Lohn, Preis und Profit, in: MEW, Bd. 16, S. 101-152
Marx, Karl: Kritik des Gothaer Programms, in: MEW, Bd. 19, S.11-32
Marx, Karl: Manuskripte zur Kritik der Politischen Ökonomie (1861-1863), in: MEGA, Abt.II, Band 3.1., Berlin, 1975
Marx, Karl: Das Kapital, Band 1-3, in: MEW, Band 23-25
Marx, Karl: Theorien über den Mehrwert, Teil 1, in: MEW, Bd. 26,1
Müller, Eva:Das Volkseinkommen und seine Umverteilung über den Staat, Supplement der Zeitschrift Sozialismus, Nr. 10/1996
Müller, Horst: Kapitalwirtschaft und Sozialwirtschaft, in: Utopie kreativ, Heft 47-48/94, S. 123/135 und Heft 50/1994, S. 25/37
Negt, Oskar: Lebendige Arbeit, enteignete Zeit, Frankfurt am Main 1984/85
Negt, Oskar: Achtundsechzig – Politische Intellektuelle und die Macht, Göttingen 1995
Neuberger, Oswald: Arbeit. Begriff-Gestaltung-Motivation-Zufriedenheit, Stuttgart 1985
Nick, Harry: Ist Fortschritt noch möglich? in: Fortschritt, Krise, Katastrophe, Reihe Controvers, Berlin 1992, S. 5-22
Nick, Harry: Zukunft der Arbeit im Zusammenhang mit dem neuen Produktivkrafttyp, in: Klartext, Probleme der politischen Ökonomie in der heutigen Zeit, Heft Mai/Juni 1994, S. 29-37
Nick, Harry: Das Eigentum und der Sozialismus, Marxistisches Forum, Heft 1, Berlin 1995
Nick, Harry: Marktwirtschaft und Kapitallogik, in: Sozialismus, Nr. 2/95, S. 35-38
Nikolic, Milos (Hrsg.): Sozialismus im 21. Jahrhundert, Band 1 und 2, Argument-Sonderband AS 123 und 136, Berlin u. Internat. Tribüne Sozialismus 1985
Noelle-Neumann, E./Strümpel, B.: Macht Arbeit krank? München 1984
Otten, Dieter: Good-Bye Mr. Ford, in: van Haaren/Klose/Müller: Befreiung der Arbeit, Bonn 1986, S. 102-103
Projektgruppe Automation und Qualifikation, Bd. II: Entwicklung der Arbeit, Leitung: Frigga Haug, AS 19, Berlin 1978
Projektgruppe Automation und Qualifikation: Politik um die Arbeit, AS 167, Hamburg 1988
Roth, Karl Heinz (Hrsg.): Die Wiederkehr der Proletarität, Dokumentation der Debatte, Köln 1994
Ruben, Peter: Ist die Arbeitskraft eine Ware? Ein Beitrag zu einer marxistischen Marxkritik, in: Eidam, Heinz/Dietrich, Wolf/ Kowarcik (Hrsg.): Kritische Philosophie gesellschaftlicher Praxis. Auseinandersetzung mit der Marxschen Theorie nach dem Zusammenbruch des Realsozialismus. Würzburg 1995
Ruben, Peter: Von der Arbeit und ihrer ökonomischen Bestimmtheit, Probleme in Friedrich Krambartels Überlegungen, in: Deutsche Zeitschrift für Philoso-

phie, Nr. 2/1993
Schabedoth, Hans-Joachim: Zukunft ohne Arbeit? Neue Wege aus der Strukturkrise, München 1994
Schneider, Wolfgang/Gröndahl, Boris (Hrsg.): Was tun? Der konkret Kongreß, Hamburg 1994
Schrick, Gerd: Lehre von der Arbeit, Analysen und Vorschläge aus der Sicht einer sozialwissenschaftlich orientierten Arbeitswissenschaft, Frankfurt am Main 1987
Schubert, V. (Hrsg.): Der Mensch und seine Arbeit, St. Ottilien 1986
Séve, Lucien: Zwanzig Thesen über Gegenwart und Zukunft des Kommunismus, in: Utopie kreativ, Heft 12/1991, S. 10-16
Sozialistische Studiengruppen: Egalitarismus oder politische Ökonomie der emanzipierten Arbeit? Supplement der Zeitschrift Sozialismus Nr. 7/8-1995
Steinitz, Klaus/Bischoff, Joachim (Hrsg.): Bevor alles zusammenbricht..., Hamburg 1993
Steinitz, Klaus: Wirtschaftswachstum kontrovers, in: Sozialismus, Nr. 7/94, S. 18-21
Steinitz, Klaus: Massenarbeitslosigkeit – ein unentrinnbares Schicksal? in: Utopie kreativ, Nr. 69/70, 1996, S. 29-43
Strasser, Johano (Hrsg.): Die Wende ist machbar, München 1994
Verein für Automations- und Arbeitskulturforschung e.V. (VAAF) (Redaktion: Frigga Haug u. P. Bedixen): Arbeit soll auch Selbstverwirklichung sein. Mikroelektronik und Lebensweisen, Argument-Sonderband, Hamburg/Berlin 1992
Weizsäcker, Robert K. von: Theorie der Verteilung der Arbeitseinkommen, 1986
Wendl, Michael: Faszination der Neoklassik, in: Sozialismus, Nr. 3/1996, S. 11-14
Wendl, Michael: Ende solidarischer Tarifpolitik, in: Supplement der Zeitschrift Sozialismus, Nr. 6/1996, S. 28-29
Zinn, Karl Georg: Arbeit, Konsum, Akkumulation, Hamburg 1986
Zinn, Karl Georg: Politikversagen in der Krise, in: Sozialismus, Nr. 10/96, S. 7-14

Anlagen

1. Tarifvertragliche Arbeitsbedingungen im Jahre 1994

(Auszüge aus: Recht der Arbeit, Zeitschrift für Wissenschaft und Praxis des Arbeitsrechts, Heft 3/1995, S. 164)

Anzahl und Strukturen der Tarifverträge:
Neu abgeschlossene Tarifverträge
1993 7.700
1994 leicht angestiegen.
Neu sind Tarifverträge zur Beschäftigungssicherung.
Gültige Tarifverträge Ende 1994 insgesamt: rd. 43.000, davon sind rd. 20.000 Ursprungs- und rd. 23.000 Änderungs- oder Paralleltarifverträge, gegenüber gültigen Tarifverträgen im Vorjahr rd. 41.700.
Ursache für diese Entwicklung: u.a. der Zuwachs an Firmen-Tarifverträgen.
Die Zahl der Unternehmen mit Firmen-Tarifverträgen stieg 1994 von rd. 4.000 auf etwas mehr als 4.100 (davon rd. 2.700 im Westen und rd. 1.400 im Osten).
Zu einem Manteltarifvertrag – z.B. für die chemische Industrie in Westdeutschland – bestehen 13 verschiedene Entgelttarifverträge für die einzelnen Bundesländer bzw. Teile derselben.
In Westdeutschland gibt es bei den Vergütungstarifverträgen rd. 1.200 Tarifbereiche, in Ostdeutschland etwa 1.250.
Verbands- und Firmentarifverträge für Wirtschaftszweige und Unternehmen umfassen 90 % der sozialversicherungspflichtigen Arbeitnehmer.
Für wenige Branchen (vor allem im Dienstleistungssektor) bestehen keine Tarifverträge.

Von den gültigen Tarifverträgen sind:
mehr als 29.000 Verbandstarifverträge
und knapp 14.000 Firmentarifverträge
oder nach Arten betrachtet:
4.700 Manteltarifverträge,
rd. 9.500 Tarifverträge mit einzelnen »Mantelbestimmungen«,
knapp 6.000 Lohn-, Gehalts-, Entgelt- und Ausbildungsvergütungs-Tarifverträge und
rd. 23.000 Änderungs-, Anschluß- und Parallel-Tarifverträge.
Von den rd. 43.000 gültigen Tarifverträgen waren am 31.12.94 für allgemeinverbindlich

erklärt: 567 Tarifverträge;in den neuen Bundesländern: 92.
Für etwa 62 % der tariflich erfaßten Arbeitnehmer in Westdeutschland und etwa 35 % der tariflich erfaßten Arbeitnehmer in Ostdeutschland gelten gemeinsame Manteltarifverträge für Arbeiter und Angestellte.
In einigen Fällen gibt es keine Unterschiede mehr zwischen diesen Gruppen (z.B. chem. Industrie, teilweise Metall- u. Elektro-Industrie).
Für etwa 11% der Arbeitnehmer in Westdeutschland und etwa 8% in Ostdeutschland gelten gemeinsame Entgelttarifverträge, in denen die Lohngruppen für Arbeiter und Angestellte zu einheitlichen Entgeltgruppen zusammengefaßt sind, d.h. daß auch Arbeiter ein Monatsgehalt beziehen.
Daneben bestehen (vor allem im Nahrungs- und Genußmittelsektor, in der Energiewirtschaft und der chemischen Industrie) für weitere rd. 40 % der Arbeiter Lohntarifverträge mit Regelungen über einen » festen« Monatslohn, bei denen mindestens die Grundvergütungen, teilweise aber auch Leistungslohnbestandteile ohne Rücksicht auf die Zahl der Arbeitstage bzw. -stunden in jedem Monat gleich hoch sind.
In den persönlichen Geltungsbereich der Manteltarifverträge sind durchweg alle Arbeitnehmer einbezogen.
Für Angestellte gibt es auch Regelungen, nach denen sie nicht einbezogen sind, wenn ihr Gehalt das des höchsten Tarifgehalts übersteigt oder wenn sie eine Aufgabe haben, die höhere Anforderungen als das Aufgabengebiet der höchsten tariflichen Beschäftigungsgruppe stellt.

(Quelle: Bundesminister für Arbeit und Sozialordnung, IIIa 1 – 31205 – 2 , vom Januar 1995)

2. Ausbildungskosten

pro Kopf nach dem Ausbildungsniveau in der Bundesrepublik Deutschland von 1970-1990

a) Angaben in DM in laufenden Preisen

Jahr	Anlerntätigk.	Berufsausb.	Fachschule	Fachhochsch.	Universität
1970	19.926	37.296	39.810	65.826	145.439
1975	35.586	65.586	69.542	103.646	202.053
1980	55.016	97.623	103.395	16.539	210.273
1985	71.854	129.354	136.300	132.356	235.246
1990	85.851	159.783	166.941	156.235	271.950

b) Angaben in DM in Preisen von 1985

1970	39.018	73.023	77.947	128.864	284.729
1975	51.012	94.017	99.689	148.574	289.637
1980	64.568	114.573	121.357	136.778	246.778
1985	71.854	129.354	136.300	132.356	235.246
1990	75.693	140.880	147.188	137.751	239.787

Die Angaben beziehen sich auf das frühere Bundesgebiet

(Quelle: Harry Maier, Bildungsökonomie, Stuttgart 1994, S.69)

3. Entwicklung des Kompliziertheitsgrades der Arbeit in der DDR 1958 u.1964

Qualifikations-niveau	Zahl d.Arb.Kräfte Tausend Personen		Reproduktions-kosten in Mark		Redukt.-koeffiz.
	1958	1964	I	II	
Ungel. Arb. Kräfte	1 473	1 039	34 165	759	1,00
Angel. Arb. Kräfte	2 471	2 363	34 915	776	1,02
Facharbeiter	2 391	2 418	52 775	1 287	1,70
Meister/Techniker	205	272	55 775	1 394	1,86
Fachhochschulabs.	61	144	68 462	1 802	2,37
Hochschulabsolv.	11	36	93 434	2 595	3,42
Summe	6 612	6 272			
Durchschn. Red. Koeff.* 1958					1,30
Durchschn. Red. Koeff.* 1964					1,36

Reproduktionskosten I: Lebenshaltungs- und Ausbildungskosten für die Heranbildung der einzelnen Arbeitskräftekategorien bis zu ihrem Eintritt in die produktive Tätigkeit (Mark). Reproduktionskosten II: Lebenshaltungs- und Ausbildungskosten für die Jahre der vor ihnen liegenden Arbeitsperiode (Mark)

* Volkswirtschaft der DDR ohne Dienstleistungen

(Quelle: Über die Methodik zur Ermittlung des Reduktionskoeffizienten und Grenzen seiner Aussagekraft, vgl. Harry Maier, Die Reduktion der komplizierten auf einfache Arbeit im Lichte der Marxschen Werttheorie, Probleme der Politischen Ökonomie, Bd. 10, Berlin 1967; vgl. auch: Harry Maier: Bildungsökonomie, Stuttgart 1994, S. 83)

4. Alternative Vorstellungen der Tarifgestaltung

Aggregationskoeffizient

Qualifikation u. Anforderg.	Monats-Netto-Eink. in DM	Aggreg.-Koeffiz.
Höchstgehalt Univ.- u. Spezialstudium, Leiter m. hoher Verantwortung	8.000,–	4
Universität, leitender Spezialist + langjähr. Berufserfahrung	7.500,–	3,75
Universität, leitender Spezialist, mit weniger Berufserfahrung	7.000,–	3,5
Universitätsabschluß, mittl. Leitungsebene, langjähr. Berufserfahrung	6.500,–	3,25
Universitätsabschluß, mittl. Leitungsebene, geringe Berufserfahrung	6.000,–	3
Fachhochschulabschluß, Meister, Techniker, Ingenieur, langjähr. Berufserfahrung	5.500,–	2,75
Fachhochschulabschluß, Meister, Techniker, Ingenieur, geringe Berufserfahrung	5.000,–	2,5
Fachschulabschluß, Facharbeiter mit langjähriger Berufserfahrung	4.500,–	2,25

(Forts.)

Qualifikation u.Anforderg.	Monats-Netto-Eink. in DM	Aggreg.-Koeffiz.
Fachschulabschluß, Facharbeiter mit geringer Berufserfahrung	4.000,–	2
Volle betriebl. Berufsausbildg. (3 Jahre), Facharbeiter, langjährige Berufserfahrung	3.500,–	1,75
Volle betriebl. Berufsausbildg. (2-3 Jahre, Facharbeiter, geringe Berufserfahrung	3.000,–	1,5
Berufsschulabschluß, kurze Ausbildung, angelernt, längere Berufserfahrung	2.800,–	1,4
Berufsschulabschluß, kurze Ausbildung, angelernt, wenig Berufserfahrung	2.500,–	1,25
Grund-/Hauptschule, ungelernt, prakt.Erfahrung	2.200,–	1,1
Grund-/Hauptschule, ungelernt, ohne prakt. Erfahrg.	2.000,–	1
Mindestarbeitseinkommen:	1.800,–	0,9

5. Reproduktionskosten für eine Arbeitskraft ohne besondere Qualifikation zur Verrichtung von elementarer (einfacher) Arbeit mit praktischer Erfahrung

Aufwand für:	DM
Miete	700,–
Energie	100,–
Nahrung, Genußmittel	450,–
Bekleidg, Schuhe	110,–
Wohnungseinrichtg., Reparatur	100,–
Bildg., Kultur, Freizeit	100,–
Gesundh., Reinigung, Körperpflege	100,–
Mobilität, Telefon	240,–
Steuer, Versicherung (außer Lohnsteuer)	100,–
Reisen, Sparen	200,–
Netto-Monatseinkommen	2.200,–

Diese einfache, auf verschiedenen statistischen Angaben beruhende grobe Schätzung der Aufwendungen für eine Arbeitskraft ohne besondere Ausbildung zeigt, daß hier die Reproduktion der Arbeitskraft tatsächlich nur auf dem untersten Niveau stattfinden kann. Für die Versorgung und Erziehung der Kinder ist der Arbeiter auf staatliches Kindergeld angewiesen.

Eine sehr breite Schicht der Lohnabhängigen muß aber ihre Arbeitskraft auf diesem oder einem ähnlichen Niveau reproduzieren, denn 41,8 % *aller* Netto-Monatseinkommen und 54 % der *Arbeiter*-Netto-Monatseinkommen lagen lt. Statist. Jahrbuch 1995 im Jahre 1993 zwischen 1800 und 3000 DM.

Die besondere Problematik der Frauenlöhne ist hier nicht berücksichtigt.